Monika Nörr

# Spin-Offs:
# Wie Wissenschaftler
# zu Unternehmern werden

Anforderungen an den Gründer
und das Transferobjekt

Diplomica® Verlag GmbH

**Nörr, Monika: Spin-Offs: Wie Wissenschaftler zu Unternehmern werden. Anforderungen an den Gründer und das Transferobjekt, Hamburg, Diplomica Verlag GmbH 2010**

ISBN: 978-3-8366-8980-9
Druck: Diplomica® Verlag GmbH, Hamburg, 2010

**Bibliografische Information der Deutschen Nationalbibliothek:**
Die Deutsche Nationalbibliothek verzeichnet diese Publikation in der Deutschen Nationalbibliografie; detaillierte bibliografische Daten sind im Internet über http://dnb.d-nb.de abrufbar.

Die digitale Ausgabe (eBook-Ausgabe) dieses Titels trägt die ISBN 978-3-8366-3980-4 und kann über den Handel oder den Verlag bezogen werden.

© Diplomica Verlag GmbH
http://www.diplomica-verlag.de, Hamburg 2010
Printed in Germany

# Inhaltsverzeichnis

# Abkürzungsverzeichnis

| | |
|---|---|
| ArbNErfG | Gesetz über Arbeitnehmererfindungen |
| BIP | Bruttoinlandsprodukt |
| BMBF | Bundesministerium für Bildung und Forschung |
| BMWi | Bundesministerium für Wirtschaft und Technologie |
| FhG | Fraunhofer-Gesellschaft |
| FuE | Forschung und Entwicklung |
| GEM | Global Entrepreneurship Monitor |
| GSF | Helmholtz Zentrum München – Deutsches Forschungszentrum für Gesundheit und Umwelt |
| HGF | Helmholtz-Gemeinschaft Deutscher Forschungszentren |
| IHK | Industrie- und Handelskammer |
| IZB | Innovations- und Gründerzentrum Biotechnologie IZB Martinsried-Freising |
| KFT | Kontaktstelle für Forschung und Technologietransfer |
| KfW | KfW-Bankengruppe |
| KMU | Kleine und mittlere Unternehmen |
| LMU | Ludwig-Maximilians-Universität München |
| MBA | Master of Business Administration |
| MIT | Massachusetts Institute of Technology |
| MPG | Max-Planck-Gesellschaft |
| p.a. | pro Jahr |
| TOU | Technologieorientierte Unternehmensgründungen |
| VC | Venture Capital |
| WGL | Wissensgemeinschaft Gottfried Wilhelm Leibniz (Leibniz-Gemeinschaft) |
| ZEW | Zentrum für Europäische Wirtschaftsforschung |

# Tabellen- und Abbildungsverzeichnis

## Tabelleverzeichnis

## Abbildungsverzeichnis

# 1. Einleitung

## 1.1. Zielsetzung des Buches

Technischer Fortschritt und Innovationen sind die Grundlage für das langfristige Wachstum einer Volkswirtschaft.[1] Aus diesem Grund rücken Spin-Offs als sehr innovative Unternehmen immer stärker in den Blickwinkel von Politik, Wissenschaft, Wirtschaft und Gesellschaft. Sie leisten einen wichtigen Beitrag zur Verwertung und Diffusion von Wissen und neuen Technologien. Als Spin-Offs werden Ausgründungen aus Hochschulen, Forschungsorganisationen und Unternehmen bezeichnet.

Die ersten Spin-Offs wurden im 19. Jahrhundert in Deutschland etabliert. So gründete Justus von Liebig zur Produktion von Düngemitteln die Bayerische Aktiengesellschaft für chemische und landwirtschaftlich-chemische Fabrikate (BAG), die heute noch unter dem Namen Süd-Chemie firmiert.[2]

Nach einer Studie des Büros für Technikfolgen-Abschätzung besitzt „Deutschland .. ein besonders großes, aber noch nicht hinreichend ausgeschöpftes Potenzial für akademische Spin-Offs."[3] Obwohl in den letzten Jahren vermehrt Studien die Entwicklung und Bedeutung von Spin-Offs in Deutschland untersucht haben, herrscht weiterhin ein weitgehend uneinheitliches Bild.[4] Doch auch in den USA, in denen Spin-Off-Aktivitäten schon seit vielen Jahren im Fokus von Politik und Gesellschaft stehen, sind repräsentative wissenschaftliche Ergebnisse rar.[5] Dies führt dazu, dass Ideologie und Wunschdenken weiterhin eine große Rolle spielen: So gilt die Wissenschaft vielfach immer noch als Elfenbeinturm, in dem sich die Wissenschaftler der zweckfreien Forschung verschrieben haben, wohingegen die Wirtschaft nur auf die kurzfristigen Profitmöglichkeiten achtet.

---

[1] Vgl. Blanchard, Olivier; Illing, Gerhard 2006, S. 301 ff. Die neoklassische Wachstumstheorie von Solow beschreibt und erklärt die traditionellen Determinanten des langfristigen Wirtschaftswachstums. Kernaussage des Solow-Modells ist, dass langfristiges Wachstum einer Volkswirtschaft nur durch technischen Fortschritt möglich ist.
[2] Vgl. Shane, Scott 2004, S. 41.
[3] Hemer, Joachim; Schleinkofer, Michael; Göthner, Maximilian 2007, S. 27.
[4] Vgl. Darstellung wichtiger empirischer Studien zu Spin-Offs im Anhang A1.
[5] Shane weist darauf hin, dass auch in den USA Spin-Offs nicht ausreichend wissenschaftlich untersucht sind: „However, scholarly investigation of this phenomenon is virtually nonexistent"; Shane, Scott 2004, S. 2.

Kommt es zu einem Spin-Off, so wird oft der Aufwand unterschätzt, um aus einem wissenschaftlichen Forschungsergebnis ein vermarktungsfähiges Produkt herzustellen. Zudem werden vielfältige neue Anforderungen an die Spin-Off-Gründer gestellt: Sie müssen sich vom Wissenschaftler zum Unternehmer wandeln.

Dieses Buch will einen Beitrag dazu leisten, das Phänomen „akademische Spin-Offs" transparenter zu machen. Anhand verschiedener Studien – vorwiegend aus Deutschland, aber auch aus den USA und weiteren Ländern – werden mögliche Erfolgsfaktoren für Spin-Off-Gründungen ermittelt. Diese reichen von der Gründerpersönlichkeit über die Finanzierung bis hin zu Umfeldfaktoren wie Netzwerke und Arbeitmarkt.

In diesem Buch werden die für Hightech-Spin-Offs bedeutenden Erfolgsfaktoren „Gründerpersönlichkeit" und „Transferobjekt" behandelt. Dargestellt werden die Anforderungen an die Wissenschaftler sowie die Herausforderungen, um aus dem Transferobjekt ein vermarktungsfähiges Produkt zu generieren. Es werden Lücken in der Übergangsphase von der Wissenschaft zur Wirtschaft aufgezeigt und mögliche Maßnahmen zur Schließung dieser Lücken diskutiert.

### 1.2. Thematische Abgrenzung

Spin-Offs gehören zu den innovativen und technologieorientierten Unternehmensgründungen; diese wiederum bilden eine Untergruppe aller Unternehmensgründungen. In diesem Buch werden nur akademische Spin-Offs betrachtet. Hierbei handelt es sich um Ausgründungen aus Hochschulen und Forschungsorganisationen.

Weiterhin wird das Untersuchungsfeld eingegrenzt, indem bevorzugt Hightech-Spin-Offs aus den technologieintensiven Wirtschaftszweigen des verarbeitenden Gewerbes untersucht werden. Hierunter fallen beispielsweise die Medizintechnik, die Biotechnologie oder auch der Maschinenbau. Spin-Offs, die technologieintensive Dienstleistungen anbieten wie Forschung und Entwicklung oder Datenverarbeitung, werden nur am Rande behandelt, da sie kein eigenes Technologieprodukt (Produkt- bzw. Verfahrensinnovationen) vorweisen können.

Eine wichtige Rolle bei der Generierung von Spin-Offs spielen Hochschulen und Forschungsorganisationen als Mutterorganisationen. Nachfolgend werden die Aspekte der Zusammenarbeit mit den Spin-Offs in Hinblick auf das Technologietransferobjekt untersucht. Zudem werden Maßnahmen der Qualifizierung und Motivation von Wissenschaftlern diskutiert.

In der Literatur werden zahlreiche Erfolgsfaktoren für die Gründung von Spin-Offs genannt bzw. wurden in verschiedenen empirischen Studien ermittelt. Im Rahmen dieses Buches ist es nicht möglich, auf alle Erfolgsfaktoren in der erforderlichen Tiefe einzugehen. Deshalb erfolgt eine Konzentration auf zwei für Hightech-Spin-Offs besonders wichtige Erfolgsfaktoren: die Gründerpersönlichkeit und das Transferobjekt. Ausdrücklich nicht behandelt werden weitere für Hightech-Spin-Offs ebenfalls sehr bedeutsame Erfolgsfaktoren wie die Finanzierung (u. a. durch Venture Capital), die Transferpolitik der wissenschaftlichen Einrichtungen, die Standortwahl (u. a. Technologie- und Gründerzentren) sowie Netzwerke und Cluster. Hier liegen umfangreiche Analysen vor, auf die verwiesen wird.

Schon hier soll auf das Problem der unterschiedlichen Abgrenzungen und Definitionen hingewiesen werden. Die vorliegenden Modelle und empirischen Studien definieren Spin-Offs nicht einheitlich: So wird teilweise jede Gründung durch Hochschulabsolventen als Spin-Off bezeichnet, auch wenn diese schon Jahre zurückliegt. Zudem treffen viele Studien keine Abgrenzung zwischen Hightech-Spin-Offs mit eigenem Produkt und Spin-Offs, die (technologieintensive) Dienstleistungen anbieten; diese Unterscheidung kann somit nicht immer stringent durchgehalten werden. Die hier genannten Zahlen und Aussagen sind folglich nur bedingt vergleichbar. Da sie jedoch in der Lage sind, Tendenzen zu verdeutlichen, wird auf ihre Angabe nicht verzichtet.

## 1.3. Aufbau des Buches

Basis des Buches ist eine umfassende Sekundäranalyse theoretischer Konzepte und empirischer Studien vorwiegend aus Deutschland und den USA. Wichtige Erkenntnisse aus anderen Ländern wurden ebenfalls berücksichtigt. Eine Übersicht über die betrachteten wichtigsten empirischen Studien zu Spin-Offs (50 Studien) findet sich in Anhang A1. Ergänzend wurden fünf problemzentrierte Interviews[1] mit Experten und einem Spin-Off-Gründer durchgeführt. Diese dienen dazu, offene Fragen zu klären, Ergebnisse aus anderen Studien zu hinterfragen sowie unterstützende, plastische Beispiele zu generieren. Der Fragebogen sowie die befragten Personen sind Anhang A2 zu entnehmen.

Das Buch ist folgendermaßen aufgebaut:

In **Kapitel 2** werden die zentralen Begriffe wie Spin-Offs, Unternehmertum und Innovation definiert und der theoretische Bezugsrahmen hergestellt. Zudem werden die in Deutschland vorhandenen Mutterorganisationen charakterisiert.

**Kapitel 3** befasst sich mit der Situation der Spin-Offs in Deutschland. Dargestellt werden die Gründungszahlen von Spin-Offs, die Tätigkeitsgebiete und Aktivitäten sowie die Bedeutung für die Volkswirtschaft.

In **Kapitel 4** wird zunächst ein Überblick über die Erfolgsfaktorenforschung gegeben. Anschließend wird der in dieser Studie verwendete Bezugsrahmen für Erfolgsfaktoren vorgestellt. Zwei für Hightech-Spin-Offs besonders wichtige Erfolgsfaktoren, die Gründerpersönlichkeit und das Transferobjekt, werden näher ausgeführt und diskutiert.

In **Kapitel 5** werden mögliche Ansätze zur Erhöhung der Quantität und Qualität von Spin-Offs vorgestellt und diskutiert. Die Ansätze beziehen sich wiederum auf die Gründerpersönlichkeit und das Transferobjekt.

---

[1] Vgl. Mayring, Philipp 2002, S. 67 ff. Bei einem problemzentrierten Interview handelt es sich um eine offene, halbstrukturierte Befragung. Der Befragte kann frei antworten, das Gespräch ist jedoch zentriert auf eine bestimmte Problemstellung, auf die der Interviewer aufgrund eines zuvor erstellten Fragenkatalogs immer wieder zurückkommt.

In **Kapitel 6** werden in Form einer kurzen Checkliste Empfehlungen für gründungsinteressierte Wissenschaftler im Hightech-Bereich ausgesprochen, die sich aus dieser Studie ergeben haben.

**Kapitel 7** fasst die Ergebnisse zusammen und gibt einen Ausblick auf zukünftige Entwicklungen sowie weitere mögliche Forschungsfragen.

## 2. Definitionen und theoretischer Bezugsrahmen

In diesem Kapitel werden die zentralen Begriffe definiert, der theoretische Bezugsrahmen hergestellt und die Mutterorganisationen charakterisiert.

### 2.1. Unternehmensgründungen und Spin-Offs

Akademische Spin-Offs befinden sich an der Schnittstelle von Gründungs- und Innovationsforschung. Zunächst werden deshalb die verschiedenen Arten von Unternehmensgründungen thematisiert. Nach einer Diskussion der in der Literatur vorhandenen Definitionen von Spin-Offs wird der hier verwendete Begriff der akademischen Spin-Offs abgeleitet.

Eine Unternehmensgründung hat zum Ziel, eine selbstständige unternehmerische Existenz als Erwerbsgrundlage für den Gründer zu schaffen.[1] Unternehmensgründungen lassen sich aus verschiedenen Perspektiven betrachten: Auf der Produktionsebene geht es um die Gründung von Unternehmen oder Zweigbetrieben. Auf der Ebene des Marktes werden Unternehmensgründungen als „wesentliche Form des Marktzutritts durch neue Anbieter" gesehen.[2] Hierbei werden nur Neugründungen betrachtet; bestehende Unternehmen, die neu in einem Markt auftreten, werden nicht berücksichtigt. Auf der Ebene der Person wird zwischen originärer und derivativer sowie selbstständiger und unselbstständiger Gründung unterschieden (s. Tabelle 1). Bei originären Gründungen werden neue Unternehmensstrukturen errichtet, bei derivativen bestehende Strukturen übernommen. Der selbstständige Gründer trägt das unternehmerische Risiko, der unselbstständige Gründer steht in einem abhängigen Beschäftigungsverhältnis.[3]

---

[1] Vgl. Szyperski, Norbert; Nathusius, Klaus 1999, S. 25.
[2] Fritsch, Michael; Grotz, Reinhold 2002, S. 7.
[3] Vgl. Fritsch, Michael; Grotz, Reinhold 2002, S. 6 ff.

|  | Originäre Gründung | Derivative Gründung |
|---|---|---|
| Selbstständige Gründung | Unternehmensgründung | Übernahme/Beteiligung |
| Unselbstständige Gründung | Betriebsstättengründung | Fusion/Akquisition |

**Tabelle 1: Formen von Unternehmensgründungen (Szyperski/Nathusius[1])**

Unterschieden werden „klassische" Unternehmensgründungen und High-tech-Gründungen. Klassische Unternehmensgründungen können in allen Branchen vorliegen und umfassen ein breites Spektrum vom Friseur bis zum Einzelhandel. Hightech-Gründungen finden in den technologieintensiven Wirtschaftszweigen statt.[2] Deren Besonderheiten beim Gründungsprozess liegen vor allem in der umfangreichen Produktentwicklungsphase. Hierfür sind hohe personelle und finanzielle Ressourcen notwendig, ohne dass bereits nennenswerte Umsätze erzielt werden können.

Eine besondere Form von Hightech-Gründungen sind Spin-Offs. Der ursprüngliche Spin-Off-Begriff stammt aus der staatlich geförderten amerikanischen Luftfahrt-, Raumfahrt- und Rüstungsindustrie der 60er Jahre. Aus den Großforschungsprojekten resultierten oft Nebenprodukte[3], die für das eigentliche Forschungsvorhaben irrelevant waren, jedoch anderweitige Anwendungspotenziale besaßen. Solche Spin-Off-Effekte sind „… Erscheinungsformen der Nutzung von Spitzentechnologien außerhalb des Anwendungskontextes, für den diese Technologien ursprünglich geschaffen wurden."[4] Etwaige Marktchancen wurden über neu gegründete Unternehmen erschlossen.

Heute bezeichnet der Spin-Off-Begriff nicht mehr nur ein Nebenprodukt einer Technologie, sondern Ausgründungen aus Hochschulen, Forschungsorganisationen und Industrieunternehmen. Akademische Spin-Offs sind

---

[1] Szyperski, Norbert; Nathusius, Klaus 1977, S. 27.
[2] Vgl. Gottschalk, Sandra et al. 2007, S. 71 ff. Nach dem ZEW-Gründungspanel gelten als Hightech-Gründungen einerseits Gründungen aus den technologieintensiven Wirtschaftszweigen des verarbeitenden Gewerbes sowie andererseits technologieintensive Dienstleistungen (z.B. Ingenieurbüros, Datenverarbeitungsdienste). Die Gründungen des verarbeitenden Gewerbes werden unterteilt in Gründungen im Bereich hochwertige Technik (FuE-Intensität zwischen 3,5 und 8 %, z.B. Maschinenbau, Medizintechnik) und Spitzentechnik (FuE-Intensität größer 8 %, z.B. Luft- und Raumfahrzeugbau, Messtechnik).
[3] Vgl. LEO 2008: Die Übersetzung des englischen Begriffs „Spin-Off" lautet „Nebenprodukt".
[4] Enßlin, Klaus J. 1989, S. 7.

hierbei Ausgründungen aus Hochschulen und Forschungsorganisationen; sie nutzen die Geschäftschancen einer dort erfolgten technologischen Entwicklung. Corporate Spin-Offs werden aufgrund spezieller Branchenkenntnisse aus Unternehmen heraus gegründet.[1] Die Begriffsdefinitionen in der Literatur unterscheiden sich jedoch erheblich voneinander.

Einen Überblick über verschiedene Definitionen von Spin-Offs geben Pirnay et al. Sie haben zudem eine Typologie entwickelt, die Spin-Offs nach ihrer Herkunft (Wissenschaftler, Studenten) und nach der Art des Wissens (kodifiziertes, tazites Wissen) klassifiziert.[2] Eine weitere Systematik für akademische Spin-Offs haben Mustar et al. aufgrund der Analyse zahlreicher theoretischer und empirischer Veröffentlichungen erstellt: Sie klassifizieren Spin-Offs nach der Art der Ressourcen, nach dem Geschäftsmodell und nach der institutionellen Herkunft.[3]

Als drittes Beispiel für eine Klassifikation von Spin-Offs soll diejenige von Wright et al. vorgestellt werden:[4] Sie unterscheiden zwischen Venture Capital-backed Spin-Offs, Prospectors and Lifestyle Spin-Offs. Venture Capital-backed Spin-Offs zeichnen sich durch disruptive Technologien (s. Punkt 2.3), Finanzierung durch Venture Capital, eine formale Verbindung mit der Mutterorganisation und die Orientierung am Börsengang aus. Das Geschäftsmodell von Prospectors[5] basiert nicht auf einer disruptiven Technologie, sondern einer Technologie im frühen Produktentwicklungsstadium. Lifestyle Spin-Offs gründen sich meist auf eine Einzelinitiative von Wissenschaftlern und Unternehmern, um eine fast marktreife Anwendung oder das eigene Wissen zu vermarkten.

---

[1] Vgl. Steffensen, Morten et al. 1999, S. 93 ff.
[2] Vgl. Pirnay, Fabrice et al. 2003, S. 357 f. Einen weiteren Überblick über verschiedene Definitionen gibt Riegel, Sylke 2002, S. 328.
[3] Vgl. Mustar, Philippe et al. 2006, S. 289 ff. Die Matrix findet sich auf S. 301. Unter den untersuchten Studien befindet sich keine einzige deutsche Studie, jedoch einige Studien aus Europa, z. B. aus Finnland, Schweden, Frankreich und den Niederlanden.
[4] Vgl. Wright, Mike et al. 2007, S. 66 ff. Eine tabellarische Übersicht der Systematik findet sich auf S. 75 f. Hierbei werden die drei Spin-Off-Typen hinsichtlich ihrer Verbindung mit der Mutterorganisation, des Geschäftsmodells und der Ressourcen eingeordnet.
[5] Vgl. LEO 2008: Die Übersetzung des englischen Begriffs „Prospector" lautet „Schürfer, Goldsucher".

In diesem Buch werden akademische Spin-Offs betrachtet, die folgendermaßen definiert sind (s. Abbildung 1): Bei einem akademischen Spin-Off
erfolgt stets gleichzeitig der Transfer von

- erstens Personen und
- zweitens innovativen Ideen, Technologien oder Produkten, die vom
  Gründer im Rahmen seiner Tätigkeit in der Mutterorganisation entwickelt wurden,

aus der Mutterorganisation in das Spin-Off.[1]

| | | Technologietransfer | |
|---|---|---|---|
| | | Nein | Ja |
| Personentransfer | Nein | Traditionelle Unternehmensgründung | Unternehmensgründung mit Technologietransfer |
| | Ja | Unternehmensgründung mit Personentransfer | Spin-Off-Gründung |

**Abbildung 1: Klassifizierung und Merkmale von Spin-Offs (eigene Darstellung in Anlehnung an Knecht[2])**

Ein besonderer Fokus liegt auf akademischen Hightech-Spin-Offs[3] aus den
technologieintensiven Wirtschaftszweigen des verarbeitenden Gewerbes.
Allerdings ist die Abgrenzung zu Spin-Offs mit technologieintensiven
Dienstleistungen nicht immer ganz einfach zu treffen, da Spin-Offs auch
Produkte und Dienstleistungen gleichzeitig anbieten oder ihre Produktentwicklung durch Gewinne aus Beratungs- oder Forschungsleistungen unterstützen.[4]

---

[1] Vgl. Szyperski, Norbert; Klandt, Heinz 1981, S. 16; vgl. auch Garvin, David A. 1983, S. 3; vgl. auch Mahar, James F.; Coddington, Dean C. 1965, S. 141; vgl. auch Knecht, Thomas C. 1998, S. 24.

[2] Vgl. Knecht, Thomas C. 1998, S. 24.

[3] Als Synonym für „Hightech-Spin-Offs" werden in der Literatur auch die Begriffe „innovative Spin-Offs", „technologieorientierte Spin-Offs" und „forschungsbasierte Spin-Offs" verwendet. Heidrich fasst Spin-Offs unter dem Begriff „Campus Companies". Zu diesen zählen zudem eigenständige Labors, Forschungs- und Entwicklungszentren oder auch An-Institute, d.h. eigenständige Organisationen, die in Verbindung mit einer Hochschule/Forschungseinrichtung stehen und deren Leistungen vom Markt nachgefragt werden; vgl. Heidrich, Wolfgang 1997, S. 25 ff.

[4] Vgl. Pérez Pérez, Manuela; Sánchez Martínez, Angel 2003, S. 824 f.

Zudem sollen als Spin-Offs im Sinne dieses Buches nur solche Ausgründungen gelten, die während der Tätigkeit des Wissenschaftlers bei der Mutterorganisation oder kurze Zeit nach seinem Ausscheiden (bis zu einem Jahr danach) durch den Wissenschaftler gegründet werden, d.h. es werden direkte Ausgründungen betrachtet.[1]

In den Gründungsprozess von Spin-Offs können bis zu vier Einheiten involviert sein:[2]

- Der Erfinder der Technologie, d. h. der Wissenschaftler, entwickelt diese bis zur Marktreife.
- Die Mutterorganisation verfügt über die Patente und unterstützt im Regelfall den Erfinder der Technologie.
- Ein externer Unternehmer kann die Technologie vermarkten.
- Ein Investor kann die erforderlichen finanziellen Mittel zur Verfügung stellen.

Dieses Buch konzentriert vorwiegend auf die Person des Wissenschaftlers sowie die Rolle der Mutterorganisation.

Bei der Entstehung und Entwicklung von Spin-Offs lassen sich nach Wright et al. fünf Phasen unterscheiden:[3]

- Research Phase: Perfektionierung der Forschungsergebnisse, Publikation, Schaffung von Patenten
- Opportunity-framing Phase: Technologieprüfung/-bewertung, Identifizierung von Geschäftschancen und Anwendungsmöglichkeiten
- Pre-organization Phase: strategische Planung, Entwicklung und Akquisition von Ressourcen

---

[1] Vgl. Müller, Kathrin 2008, S. 10. Müller ermittelte, dass nur 33 % aller deutschen Spin-Offs innerhalb eines Jahres nach dem Ausscheiden des Wissenschaftlers aus der Mutterorganisation gegründet wurden. Für alle Gründungen mit einem größeren Zeitabstand lag das Mittel bei elf Jahren. Hier ist jedoch zu fragen, ob es sich bei diesen Ausgründungen noch um Spin-Offs aus der Wissenschaft handelt. Ein Gründer, der jahrelang in einem Industrieunternehmen gearbeitet hat, wird sich dort ein hohes Maß an zusätzlichem Wissen angeeignet haben, so dass seine Kompetenzen nicht mehr nur auf seine wissenschaftlichen Erfahrungen zurückgeführt werden können. Zudem wird er während dieser Zeit neue Technologien entwickelt bzw. bestehende Technologien weiterentwickelt haben, so dass diese nicht mehr alleine auf seinen Leistungen in der Mutterorganisation beruhen.
[2] Vgl. Roberts, Edward B.; Malone, Denis E. 1996, S. 20 ff. Je nach Zusammenwirken dieser Einheiten können verschiedene Prozessmodelle entstehen, S. 25 ff.
[3] Vgl. Wright, Mike et al. 2007, S. 115 ff.

- Reorientation Phase: Rekonfiguration von Ressourcen, Neudefiniti-
on von Zielgruppen und Anpassung von Produkten aufgrund der Erfahrung

- Sustainable Returns Phase: nachhaltige Generierung von Gewinnen

Das Buch legt seinen Schwerpunkt auf die ersten beiden Phasen, da es um
die Frage geht, wie aus einem Forschungsergebnis ein vermarktungsfähiges
Produkt entstehen kann und welche Anforderungen hierbei an die Wissenschaftler gestellt werden.

## 2.2. Entrepreneurship und Unternehmertum

In diesem Kapitel wird auf die vielfältigen Anforderungen an Unternehmer
im Gründungsprozess eingegangen. Hierzu werden zunächst die Begriffe
„Entrepreneur(ship)" und „Unternehmer(tum)" definiert. Sodann wird beispielhaft der Ansatz der Unternehmerfunktionen vorgestellt. Anschließend
werden die Schritte des Gründungsprozesses beschrieben.

Die Gründungsforschung ist in Deutschland ein junges Feld. Im Jahr 1977
etablierte Szyperski eine erste Forschungsgruppe zu diesem Thema an der
Universität Köln. Im Jahr 1999 beschäftigten sich 6 Lehrstühle in 4 Bundesländern mit der Gründungsforschung, im Jahr 2005 waren es 20 Lehrstühle
in ganz Deutschland.[1]

Trotz dieses vergleichsweise kurzen Zeitraums der Gründungsforschung
sind in der Literatur zahlreiche theoretische Ansätze und Modelle zu Unternehmensgründungen vorhanden. Einen Überblick hierzu geben Riegel[2],
Wippler[3] und Auer[4]. So unterscheidet Riegel bei Existenzgründungen aus
Hochschulen zwischen ökonomischen und soziologischen Forschungs-
schwerpunkten und arbeitet die gründungsspezifischen Aspekte der einzelnen Ansätze heraus. Beispielhaft genannt seien evolutionstheoretische Ansätze, Modelle zum Markteintritt und zur Selbstständigkeit sowie der Trans-
aktionskostenansatz. Gemünden/Konrad stellen verschiedene Ansätze zur
Erklärung des unternehmerischen Verhaltens von Hightech-Gründern vor.

---

[1] Vgl. Schmude, Jürgen et al. 2008, S. 291 ff.
[2] Vgl. Riegel, Sylke 2002, S. 330 ff.
[3] Vgl. Wippler, Armgard 1998, S. 21 ff.
[4] Vgl. Auer, Michael 2007, S. 34 ff.

Sie kommen zu dem Schluss, dass dieses Verhalten mit ganzheitlicheren Ansätzen als bisher analysiert werden muss und stellen die Prozessmodelle in den Vordergrund.[1]

Hier sind der ressourcenbasierte Ansatz sowie die Humankapitaltheorie von Bedeutung. Nach dem ressourcenbasierten Ansatz ist eine Ressource dann Grundlage eines langfristigen Wettbewerbsvorteils, wenn sie wertvoll, selten, schwer imitierbar und nicht durch strategisch gleichwertige Ressourcen ersetzbar ist.[2] Diese Kriterien gelten bei Spin-Offs vielfach in hohem Maße für die Technologie sowie den Wissenschaftler als Gründerpersönlichkeit. Hier kommt dann auch die Humankapitaltheorie zur Geltung: So wirkt sich die Humankapitalausstattung eines Gründers positiv auf den Gründungserfolg auf. Das Humankapital umfasst allgemeines, branchenspezifisches und unternehmerisches Humankapital.[3]

Auch wenn es zahlreiche unterschiedliche Erklärungsansätze gibt – eine in sich geschlossene Theorie des Gründungsgeschehens und des Unternehmertums fehlen bis heute.[4] Dies beginnt schon bei den Begriffsdefinitionen. So werden die Begriffe „Entrepreneur(ship)" und „Unternehmer(tum)" in der Literatur nicht einheitlich verwendet. Teilweise erfolgt eine Gleichsetzung der Begriffe; teilweise wird mit dem Begriff des Entrepreneurs der Unternehmensgründer bezeichnet, während mit dem Begriff des Unternehmers jede Person benannt wird, die ein Unternehmen führt.[5]

Reckenfelderbäumer gibt dem Begriff des Unternehmers den Vorzug, da „unternehmerisches Verhalten auch außerhalb von Gründungsprozessen und grundsätzlich durch jede Person möglich ist" und schließt den Begriff des Entrepreneurs mit ein.[6] Dieser Definition wird auch in diesem Buch gefolgt, sie kann jedoch – gerade in Zitaten – nicht immer stringent angewendet werden.

---

[1] Vgl. Gemünden, Hans G.; Konrad, Elmar D. 2000, S. 247 ff.
[2] Vgl. Barney, J. 1991, S. 105 ff.
[3] Vgl. Brüderl, Josef et al. 2007, S. 45 ff.
[4] Vgl. Riegel, Sylke 2002, S. 333; vgl. auch Blum, Ulrich; Leibbrand, Frank 2001, S. 16.
[5] Vgl. Ripsas, Sven 1997, S. 65.
[6] Reckenfelderbäumer, Martin 2007, S. 6 f.

Ein Unternehmer lässt sich über die von ihm wahrgenommenen Funktionen definieren. Nach Schneider muss ein Unternehmer folgende Unternehmerfunktionen erfüllen:[1]

- Übernahme von Einkommensunsicherheiten anderer Personen: Indem der Unternehmer sein Unternehmen führt, reduziert er u. a. die Einkommensunsicherheit seiner Mitarbeiter.

- Erzielen von Arbitrage- und Spekulationsgewinnen: Diese benötigt der Unternehmer, um sein Unternehmen nachhaltig zu etablieren.

- Durchsetzen von Änderungen: Mit Hilfe dieser Koordinationsfunktion nutzt der Unternehmer vorhandene Potenziale und passt sie an geänderte Rahmenbedingungen an.

Freiling hat die Lehre der Unternehmerfunktionen von Schneider an Unternehmensgründungen angepasst.[2] Wegen ihrer hohen Bedeutung für den Gründungsprozess hat er die Innovationsfunktion hinzugefügt (s. Abbildung 2).

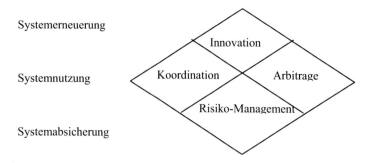

**Abbildung 2: Systematik der Unternehmerfunktionen im Gründungskontext (Freiling[3])**

Die Wichtigkeit der Innovationsfunktion betont auch Drucker: „Innovation is the specific instrument of entrepreneurship. It is the act that endows resources with a new capacity to create wealth. Innovation, indeed, creates a resource."[4]

---

[1] Vgl. Schneider, Dieter 1997, S. 46 ff. Weitere in der Literatur genannte Unternehmerfunktionen wie etwa die Funktion des Kapitalgebers, des Vertragsschließenden oder auch des Industrielenkers hat Schoppe zusammengestellt; vgl. Schoppe, Siegfried G. 1995, S. 281 ff.
[2] Vgl. Freiling, Jörg 2006, S. 90 ff.
[3] Freiling, Jörg 2006, S. 91. Das Risiko-Management entspricht hierbei der Übernahme der Einkommensunsicherheit bei Schneider.
[4] Drucker, Peter F. 2004, S. 27.

Eine Unternehmensgründung ist ein Prozess, der in verschiedenen Phasen abläuft. Die Funktion des Unternehmers und den Gründungsprozess charakterisiert Bygrave: „Ein Unternehmer ist jemand, der eine Möglichkeit sieht und eine Organisation schafft, um diese Möglichkeit zu verwirklichen. Der unternehmerische Prozeß umfaßt alle Funktionen, Aktivitäten und Handlungen, die mit dem Wahrnehmen der Möglichkeiten und dem Aufbau von Organisationen zu ihrer Verwirklichung zusammenhängen."[1] Eine ähnliche Definition gibt Freiling: Beim Entrepreneurship handelt es sich um „…den Prozess von der Generierung bzw. Erkennung neuer geschäftlicher Gelegenheiten bis zu deren nachhaltiger Etablierung."[2]

In der Literatur lassen sich für den unternehmerischen Prozess verschiedene Phasenmodelle finden.[3] Freiling unterteilt den Gründungsprozess in die Keim-Phase (Seedphase), die Start-up-Phase und die Etablierungsphase (s. Abbildung 3).[4] Die Keimphase umfasst die Entstehung der Geschäftsidee, die Ableitung eines Geschäftsmodells und die Erarbeitung eines Businessplans. In der Start-up-Phase werden die Aufgaben der formalen Gründung durchgeführt. Die Etablierungsphase beginnt mit dem Einstieg in Markttransaktionen und endet, wenn der Zustand nachhaltiger Wettbewerbsfähigkeit erreicht ist. Je nach Phase sind die Unternehmerfunktionen unterschiedlich ausgeprägt, und es sind vom Gründer verschiedene Aufgaben zu erfüllen.[5] Allerdings ist eine eindeutige Abgrenzung der Phasen vielfach nicht möglich.

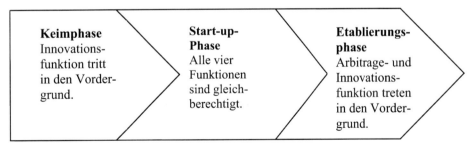

**Keimphase**
Innovationsfunktion tritt in den Vordergrund.

**Start-up-Phase**
Alle vier Funktionen sind gleichberechtigt.

**Etablierungsphase**
Arbitrage- und Innovationsfunktion treten in den Vordergrund.

**Abbildung 3: Ausprägung der Unternehmerfunktionen in unterschiedlichen Phasen des Gründungsprozesses (eigene Darstellung in Anlehnung an Freiling[6])**

---

[1] Bygrave, William D. 1998, S. 114.
[2] Freiling, Jörg 2006, S. 77.
[3] Vgl. Freiling, Jörg 2006, S. 157.
[4] Vgl. Freiling, Jörg 2006, S. 162 ff.
[5] Vgl. Freiling, Jörg 2006, S. 162 ff; vgl. auch Börensen, Rainer 2006, S. 101 ff.; vgl. auch Schumann, Katja 2005, S. 20.
[6] Vgl. Freiling, Jörg 2006, S. 162 ff.

Die Anforderungen an Hightech-Gründer als Unternehmer fasst Faltin zusammen: „Die Umsetzung technologischer Entwicklungen verlangt eine intuitive Einschätzung der Marktbewegungen, Risikobereitschaft, Empathie für die Wünsche von Konsumenten auch auf lange Sicht hin; es sind jene Fähigkeiten, die den Entrepreneur auszeichnen."[1] Ein Unternehmer muss somit von seiner Idee absolut überzeugt sein und seine Konzepte genau durchdenken.[2]

## 2.3. Innovation und Technologie

In diesem Kapitel werden Definitionen für den Begriff „Innovation" diskutiert, die Begriffe „Technologie", „Technik" und „Technologietransfer" definiert sowie Systematisierungsmöglichkeiten für Technologien vorgestellt.

Ausgangspunkt der Innovationsforschung ist Schumpeters Theorie der wirtschaftlichen Entwicklung: Für ihn ist das Wesen der Innovation die „Durchsetzung neuer Kombinationen", die jedoch diskontinuierlich auftritt.[3] Barnett definiert Innovation umfassender. Er sieht alles Neue als Innovation: „An innovation is … any thought, behavior or thing that is new because it is qualitatively different from existing forms."[4]

Innovationen sind von Inventionen zu unterscheiden. Inventionen, d. h. Erfindungen, beweisen sich beim Patentamt, Innovationen im Markt. Der Markterfolg gehört somit unmittelbar zur Innovation dazu.

Hauschildt präzisiert die unterschiedlichen Dimensionen der Innovation: Bei der inhaltlichen Dimension geht es darum, was neu ist. Die Dimension der Zielgruppe beschreibt, für wen die Innovation neu ist. Die Prozessdimension legt fest, an welchen Punkten die Innovation beginnt und wo sie endet. In der normativen Dimension wird gefragt, ob neu gleich erfolgreich heißt. „Erst in der Zusammenfassung dieser vier Dimensionen lässt sich bestimmen, was innovativ ist oder sein soll."[5]

---

[1] Faltin, Günter; Zimmer, Jürgen 1998, S. 258.
[2] Tönnessmann, Jens 2008, S. 78.
[3] Schumpeter, Joseph 1931, S. 100.
[4] Barnett, Homer G. 1953, S. 7.
[5] Hauschildt, Jürgen 1997, S. 7.

Nach Reckenfelderbäumer stellen Innovationen „letztlich das Ergebnis der Ausnutzung von durch Wissensvorsprünge gegenüber Mitbewerbern, Kunden und Lieferanten erkannten Handlungsmöglichkeiten dar."[1] Durch Innovationen kann ein Unternehmen Wettbewerbsvorteile erzielen, allerdings nur, wenn es hieraus eine Marktleistung generiert, welche die Nachfrage besser befriedigt als die Konkurrenz.

Mit Innovationen sind nicht nur reine Produktinnovationen gemeint. So definiert Zahn drei Dimensionen:[2]

- technische Innovationen: Produkte, Prozesse, technisches Wissen
- organisationale Innovationen: Strukturen, Kulturen, Systeme
- geschäftsbezogene Innovationen: Erneuerung der Branchenstruktur, der Marktstrukturen und Grenzen, der Spielregeln

Technische Innovationen beruhen auf neuen oder verbesserten Technologien. Der Begriff „Technologie" wird im Sinne von Wissen über naturwissenschaftlich-technische Zusammenhänge verwendet, wenn dieses Wissen bei der Lösung praktischer Probleme wie der Produktentwicklung eingesetzt wird: „Technologie kann somit auch als Anwendungswissen oder *Könnenwissen* im Gegensatz zum reinen Erklärungswissen oder *Kennenwissen* (der Naturwissenschaften) verstanden werden."[3] Technik hingegen manifestiert sich in der konkreten Anwendung von Technologie – in der Gestalt von Produkten oder Verfahren. Technologien können somit eine Menge potenzieller Techniken umfassen.[4]

Technologien lassen sich nach unterschiedlichen Kriterien klassifizieren:[5] Hinsichtlich der Anwendungsbreite sind Querschnittstechnologien und spezifische Technologien zu unterscheiden. Während Querschnittstechnologien wie die Mechatronik ein breites Anwendungsspektrum aufweisen und die Basis für andere Technologien bilden, konzentrieren sich spezifische Tech-

---

[1] Reckenfelderbäumer, Martin 2006, S. 22, 26.
[2] Vgl. Zahn, Erich 1995, S. 362 ff.
[3] Zahn, Erich 1995, S. 4.
[4] Vgl. Brockhoff, Klaus K. 1999, S. 27.
[5] Vgl. Gerpott, Torsten J. 2005, S. 26 f.

nologien auf enge, branchenbezogene Anwendungsgebiete.[1] Es ist jedoch zu bedenken, dass sich Technologiefelder nicht immer eindeutig abgrenzen lassen. So kann die Entwicklung eines Produkts im Bereich Biotechnologie die Genetik, die Medizintechnik und die Bioinformatik betreffen.[2]

Hinsichtlich der Stellung im Lebenszyklus einer Technologie wird zwischen Schrittmacher-, Schlüssel- und Basistechnologien unterschieden. Schrittmachertechnologien befinden sich in einem sehr frühen Entwicklungsstadium; sie weisen eine hohe Unsicherheit, aber auch große Potenziale auf. Mit Schlüsseltechnologien werden neue Anwendungspotenziale erschlossen, da sie sich in der Wachstumsphase befinden. Basistechnologien haben die Reifephase erreicht, ihre Anwendungspotenziale sind weitgehend erschlossen.[3]

Nach dem Neuigkeitsgrad lassen sich etablierte und disruptive Technologien unterscheiden. Etablierte Technologien setzen auf kontinuierliche Verbesserung: Sie liefern den Kunden bessere und/oder billigere Produkte mit ähnlichen Eigenschaften. Disruptive Technologien hingegen generieren Produkte mit ganz neuen Eigenschaften und tragen in vielen Fällen zur Schaffung neuer Märkte bei.[4] Disruptive Technologien resultieren vielfach aus der Grundlagenforschung.[5] Allerdings dauert es oft sehr lange, bis aus diesem grundlegenden Wissen marktfähige Produkte entstanden sind: Drucker spricht von einer Zeitspanne von 25 bis 35 Jahren.[6]

Für etablierte Unternehmen sind disruptive Technologien in vielen Fällen unattraktiv: Die Märkte sind zu klein, die Marktentwicklung lässt sich nicht abschätzen. Somit sind es vor allem Neugründungen, die disruptive Technologien weiterentwickeln und auf den Markt bringen: „Small, hungry organizations are good at agilely changing product and market strategies."[7]

---

[1] Vgl. Gerpott, Torsten J. 2005, S. 27.
[2] Vgl. BMBF 2005, S. 21.
[3] Vgl. Fichtel, Roland 1997, S. 28 ff. Der Lebenszyklus einer Technologie umfasst die Phasen Entstehung, Wachstum, Reife und Alter.
[4] Vgl. Bower, Joseph L.; Christensen, Clayton M. 1995, S. 45 f.
[5] Vgl. Hindle, Kevin; Yencken, John 2004, S. 796.
[6] Vgl. Drucker, Peter F. 1985, S. 267 f.
[7] Bower, Joseph L.; Christensen, Clayton M. 1995, S. 50; vgl. auch Zahn, Erich 1995, S. 13 f.

Grundsätzlich können Innovationen durch einen „Nachfragesog" (Market Pull) oder einen „Technologiedruck" (Technology Push) zustande kommen. Bei marktgetriebenen Innovationen wird gefragt, ob Marktchancen und eine Technik zur Realisierung der Marktchancen erkennbar sind. Bei technologiegetriebenen Innovationen liegt eine technische Entwicklung vor, für die anschließend ein Markt identifiziert werden muss.[1] Die jeweiligen Vor- und Nachteile fasst Tabelle 2 zusammen.

| Technology Push | |
|---|---|
| **Vorteile** | **Nachteile** |
| <ul><li>Eher große Innovationsschritte</li><li>Hohe Ertragspotenziale</li><li>Vorsprung vor dem Wettbewerb</li></ul> | <ul><li>Hohe Gefahr, keinen Markt zu finden</li><li>Keine Berücksichtigung von Kundenbedürfnissen</li><li>Zeitraubende Realisation</li><li>Hohe Risiken</li></ul> |

| Market Pull | |
|---|---|
| **Vorteile** | **Nachteile** |
| <ul><li>Schnelle Realisierung</li><li>Steuerung vom Markt her</li><li>Berücksichtigung von Kundenbedürfnissen</li><li>Niedrigere Risiken</li></ul> | <ul><li>Eher kleine Innovationsschritte</li><li>Geringe Ertragspotenziale, falls nicht kontinuierlich betrieben</li></ul> |

**Tabelle 2: Vor- und Nachteile von Technologiedruck und Nachfragesog (eigene Darstellung in Anlehnung an Brockhoff[2])**

Die Produkte der Hightech-Spin-Offs sind in den meisten Fällen technologiegetrieben. Der marktorientierte Innovationsprozess ist auf diese somit kaum anwendbar. Ein Modell für den Innovationsprozess von technologiegetriebenen Innovationen ist in Abbildung 4 beispielhaft dargestellt.

Technologiegetriebene Innovationen entstehen aufgrund von Forschung und Entwicklung. Unterschieden werden die Grundlagenforschung, die angewandte Forschung und die experimentelle Entwicklung. Während die angewandte Forschung und die experimentelle Entwicklung auf praktische Ziele ausgerichtet sind, geht es bei der Grundlagenforschung um die Generierung von Wissen, das nicht auf eine bestimmte Anwendung zielt.[3] Der Wert des

---

[1] Vgl. Brockhoff, Klaus K. 1999, S. 44.
[2] Vgl. Brockhoff, Klaus K. 1999, S. 44.
[3] Vgl. Brockhoff, Klaus K. 1999, S. 51 ff; vgl. auch Schumann, Katja 2005, S. 26.

Wissens lässt sich schwer bestimmen, da es weiterentwickelt werden muss, um eine direkte Anwendung zu generieren: „Grundlagenforschungsergebnisse haben nie den Charakter eines Endprodukts, an das der Markt ein Preisschild anheften kann."[1]

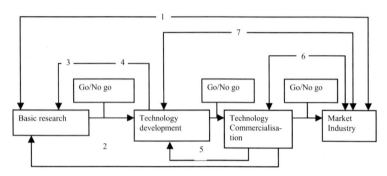

Legend
1,7 Market needs
2   Commercialisation possibility
3   Technological feasibility
4   Additional research problems involved
5   Design, redesign, further testing
6   Quality improvement, economising

**Abbildung 4: Prozess der Kommerzialisierung von wissenschaftlichen Forschungsergebnissen (Lee/Gaertner[2])**

Um Erkenntnisse der Grundlagenforschung in die wirtschaftliche Nutzung zu überführen, stellen Spin-Offs eine Möglichkeit des Technologietransfers dar. Mit dem Begriff „Technologietransfer" wird die „… Übertragung und Nutzung wissenschaftlichen und technologischen Know-hows von einem Individuum, einer Institution oder Region zu einem/einer anderen" bezeichnet.[3] Dieser Transfer von Erkenntnissen und Know-how aus wissenschaftlicher Forschung in die Wirtschaft soll nicht nur die Gründung von Spin-Offs ermöglichen, sondern auch die Kompetenzen bestehender Unternehmen erhöhen, ihre technologische Leistungsfähigkeit steigern und ihre Chancen im internationalen Wirtschaftsgeschehen verbessern.[4] Hierbei muss der Technologietransfer selbst als unternehmerische Aufgabe angesehen werden: Nur so kann die technologische Wissensbasis Deutschlands erfolgreich in neuen wirtschaftlichen Anwendung ausgeschöpft werden.[5]

---

[1] Jonas, Michael 2000, S. 37.
[2] Lee, Young; Gaertner, Richard 1994, S. 389.
[3] Schroeder, Klaus et al. 1991, S. 5. Heute wird vielfach auch der Begriff „Wissenstransfer" verwendet, da es sich bei dem Transferobjekt nicht zwingend um Technologien handeln muss.
[4] Vgl. Hemer, Joachim et al. 2006, S. 64.
[5] Vgl. Auer, Michael 2007, S. 3 f.

## 2.4. Mutterorganisationen

Dieses Kapitel befasst sich mit den in Deutschland vorhandenen Mutterorganisationen für akademische Spin-Offs: Hochschulen (Universitäten, Fachhochschulen) und Forschungsorganisationen.[1] Nachfolgend werden die einzelnen Einrichtungen kurz charakterisiert.

In Deutschland gibt es 383 Hochschulen, davon 103 Universitäten und 176 Fachhochschulen.[2] Die Universitäten gehören, bis auf wenige Ausnahmen, dem staatlichen Forschungssystem an und sind deshalb eher der Grundlagenforschung zuzurechnen. Die Fachhochschulen sind aufgrund der Praxisnähe von Lehre und Forschung anwendungsorientierter ausgerichtet. Obwohl noch eine Reihe von Barrieren für die Realisierung des Wissenstransfers und von Gründungsvorhaben besteht, z. B. restriktive Regelungen des Dienstrechts, bürokratische Regelungen bei der Nutzung von Forschungslabors, beschäftigen sich die Hochschulen doch mehr und mehr mit der Kommerzialisierung von Forschungsergebnissen.[3]

Hochschulen betreiben auf verschiedene Art und Weise Wissenstransfer in die Wirtschaft. Börensen unterscheidet folgende Ebenen:[4]

- klassische akademische Ausbildung
- transferbezogene Weiterbildung
- Informationstransfer
- Personaltransfer (temporärer Wechsel von Hochschulpersonal in die Wirtschaft und umgekehrt)
- akademische Spin-Offs

Um den Wissenstransfer und die Gründung von Spin-Offs zu fördern, haben viele Hochschulen eigene Bereiche und Institutionen etabliert: Entpre-

---

[1] Die Mutterorganisationen werden in der Literatur auch Inkubatoren genannt. Im Rahmen dieser Studie wird der Begriff „Mutterorganisationen" verwendet, da als „Inkubatoren" häufig Technologie- und Gründerzentren bezeichnet werden, die in erster Linie Büroräume und -dienstleistungen zur Verfügung stellen; vgl. Riegel, Sylke 2002, S 329.
[2] Vgl. BMBF 2008. Die weiteren über 100 Hochschulen bestehen u. a. aus Kunsthochschulen und Verwaltungsfachhochschulen, sind aber als Mutterorganisationen für Spin-Offs nicht interessant.
[3] Vgl. Börensen, Rainer 2006, S. 241.
[4] Vgl. Börensen, Rainer 2006, S. 28. Einen Überblick über Möglichkeiten und Arten des Technologietransfers in Deutschland im Vergleich zu den USA geben Abramson, Norman H. et al. 1997.

neurship-Center und/oder Technologietransferstellen. Beispielhaft soll hier die Kontaktstelle für Forschungs- und Technologietransfer (KFT) der Ludwig-Maximilians-Universität München (LMU) dargestellt werden.[1] Diese initiiert und betreut Kontakte zwischen der LMU und der Wirtschaft: Sie fördert Forschungskooperationen zwischen Wissenschaft und Unternehmen, bietet wissenschaftliche Weiterbildungsangebote für Unternehmen und unterstützt Wissenschaftler bei der Patentanmeldung sowie Spin-Off-Gründung. Strathmann, Leiter der KFT, hat für das Forschungsmarketing der LMU den Begriff „Forschungsdialog mit Wissenschaftlern" geprägt: „Das ist so etwas wie Technologie-Scouting, zielt allerdings mehr auf den Dialog als auf die einseitige Suche ab. Im Kern geht es um die Ermittlung des Forschungspotenzials sowie um Hilfe und Unterstützung; ein Aspekt davon ist die Spin-Off-Gründung".[2]

Neben den Hochschulen gibt es in Deutschland vier große außeruniversitäre Forschungsorganisationen:

Die Max-Planck-Gesellschaft ist in der Grundlagenforschung tätig. Ihre Schwerpunkte liegen in den Natur-, Bio-, Geistes- und Sozialwissenschaften. In 76 Instituten und 3 weiteren Forschungseinrichtungen sind mehr als 13.000 Beschäftigte tätig; das Jahresbudget umfasst über 1,7 Milliarden Euro.[3] Die Max-Planck Innovation in Garching bei München wurde 1970 als eine der ersten Technologietransferstellen in Deutschland gegründet. Sie unterstützt Wissenschaftler der Max-Planck-Gesellschaft bei der Bewertung von Erfindungen und der Anmeldung von Patenten, vermarktet Patente an die Industrie und berät und fördert Spin-Off-Gründer.[4]

Die Helmholtz-Gemeinschaft Deutscher Forschungszentren ist mit über 26.000 Mitarbeitern in 15 Forschungszentren und einem Jahresbudget von rund 2,3 Milliarden Euro die größte Wissenschaftsorganisation Deutschlands. Ihre Tätigkeitsfelder reichen von der Krebs- und Gesundheitsfor-

---

[1] Vgl. LMU 2008.
[2] Vgl. Strathmann, Frank W. 2008.
[3] Vgl. Max-Planck-Gesellschaft 2008.
[4] Vgl. Max-Planck-Innovation 2008.

schung über die Luft- und Raumfahrtforschung bis hin zur Plasmaphysik.[1] Die Transferstellen der Helmholtz-Zentren bieten Unterstützungsleistungen von der Qualifizierung bis zum Personaltransfer. Von Bedeutung ist die Ascenion GmbH in München, die Forschungsergebnisse aus dem Life-Science-Bereich von mehreren Life-Science-Instituten an die Pharma- und Biotechnologieindustrie lizenziert. Zudem fördert Ascenion die Ausgründung von Spin-Offs. Letzteres geschieht durch Unterstützung bei der Formulierung des Businessplans, bei der Verwertung von Schutzrechten und bei der Beschaffung von Venture Capital.[2]

Die Leibniz-Gemeinschaft ist ein Zusammenschluss von 82 Forschungseinrichtungen in den Lebens- und Umweltwissenschaften sowie den Ingenieur-, Wirtschafts- und Geisteswissenschaften. Sie hat über 13.000 Beschäftigte, der Gesamtetat beträgt über 1,1 Milliarden Euro.[3] Die Technologietransferstelle LeibnizX in Bonn unterstützt Wissenschaftler durch Coaching, Kontaktvermittlung und bei der Suche nach Finanzierungspartnern.[4]

Die Fraunhofer-Gesellschaft ist mit 80 Forschungseinrichtungen, davon 56 Fraunhofer-Institute, mit 13.000 Mitarbeitern in der angewandten Forschung tätig. Die Fachgebiete umfassen verschiedene Technologiefelder von Automotive über Hochleistungskeramik und Produktion bis hin zu Life Sciences. Das Forschungsvolumen beträgt 1,3 Milliarden Euro pro Jahr, davon werden zwei Drittel durch Aufträge aus der Industrie erwirtschaftet.[5] Für Spin-Offs ist die Fraunhofer-Venture-Gruppe in München zuständig. Sie begleitet Wissenschaftler beim Gründungsprozess, unterstützt bei der Kooperationsanbahnung mit Unternehmen und hilft bei der Suche nach Venture Capital.[6]

---

[1] Vgl. Helmholtz-Gemeinschaft 2008.
[2] Vgl. Ascenion GmbH 2008.
[3] Vgl. Leibniz Gemeinschaft 2008.
[4] Vgl. Leibniz X 2008.
[5] Vgl. Fraunhofer Gesellschaft 2008.
[6] Vgl. Fraunhofer-Venture-Gruppe 2008.

# 3. Spin-Offs in Deutschland

Dieses Kapitel befasst sich mit deutschen Spin-Offs. Dargestellt werden Anzahl und Struktur von Spin-Offs und die volkswirtschaftliche Bedeutung.

## 3.1. Stand und aktuelle Entwicklungen

Zur Anzahl der Spin-Off-Gründungen in Deutschland und zu ihren wichtigsten Strukturmerkmalen wie Branchenzugehörigkeit, institutionelle und fachliche Herkunft, Forschungsintensität und Standort liegen nur wenige deutschlandweite Studien vor. Viele Studien fokussieren auf regionale Standorte oder bestimmte Zeiträume und Institutionen.[1] Eine kurze Beschreibung relevanter Studien findet sich in Anhang A1.

Zunächst soll versucht werden, die Anzahl der Spin-Offs in Deutschland zu ermitteln. Nach einer ZEW-Studie beträgt der Anteil der Spin-Offs an den Hightech-Gründungen 15 %, an allen Unternehmensgründungen knapp 1%.[2]

Die jährlichen Ausgründungsquoten deutscher Forschungsorganisationen konnten Hemer et al. relativ präzise eruieren, da diese Einrichtungen Spin-Off-Gründungen registrieren (s. Tabelle 3). Die Fraunhofer Gesellschaft nimmt den Spitzenplatz ein. Dies lässt sich dadurch erklären, dass die Fraunhofer-Institute sehr anwendungsnah und oft in Kooperation mit der Industrie forschen.

---

[1] Vgl. Knecht, Thomas C. 1997; vgl. auch Szyperski, Nobert; Klandt, Heinz 1981; vgl. auch Konegen-Grenier, Christiane; Winde, Mathias A. 2002; vgl. auch . Isfan, Katrin; Moog, Petra 2003.
[2] Vgl. Gottschalk, Sandra et al. 2007, S. 8.

| Forschungs-organisation | Anmerkungen | durchschnittliche jährliche Aus-gründungszahl | durchschnittliche jährliche Aus-gründungszahl pro 1000 akade-mische Mitarbei-ter |
|---|---|---|---|
| Fraunhofer-Gesellschaft | alle Gründungen[1] | 42 p.a. | 9,4[2] |
| | nur betreute und wissensba-sierte Gründungen | 16 p.a. | 3,7[3] |
| Helmholtz-Gemeinschaft | | 23 p.a. | ca. 2,3 |
| Max-Planck-Gesellschaft | nur auf eigene wiss. Mitar-beiter bezogen | 5 p.a. | ca. 1,2 |
| Leibniz-Gemeinschaft WGL[4] | inkl. Serviceeinrichtung | 8 p.a. | ca. 1,5 |
| | ohne Serviceeinrichtungen | | ca. 1,8 |

**Tabelle 3: Jährliche Ausgründungsquoten aus deutschen Forschungsorganisationen (Hemer et al.[5])**

Für Spin-Offs aus Hochschulen ist laut Hemer et al. kaum eine Angabe von Zahlen möglich, da dort die Mehrheit an Ausgründungen zustande kommt, ohne dass die Hochschulen informiert sind oder Hilfestellung leisten. So kommen die Autoren zu dem Schluss, dass „… die Grundgesamtheit aka-demischer Spin-Offs weder in Deutschland noch in anderen größeren In-dustrieländern hinreichend bekannt ist."[6]

Dennoch gibt es einige Studien, die Zahlen und Strukturen von Spin-Offs deutschlandweit ermitteln. Die erste Studie wurde 1998 mit dem ATHENE-Projekt unternommen. Befragt wurden Transferstellen und Institutsleiter von Hochschulen und Forschungsorganisationen. Für das Jahr 1997 wurden 1.250 Spin-Offs aus technologieintensiven Branchen gezählt, davon 150 aus Forschungsorganisationen, 650 aus Hochschulen und 450 aus Unterneh-men.[7] Somit wurde von 800 akademischen Spin-Offs ausgegangen.

---

[1] Inklusive nicht forschungsbasierte Dienstleister.
[2] Bezogen auf die angestellten Wissenschaftler in den Fraunhofer-Instituten, ohne Zentrale.
[3] Bezogen auf die angestellten Wissenschaftler in den Fraunhofer-Instituten, ohne Zentrale.
[4] 37 % der Einrichtungen der Leibniz-Gemeinschaft sind durch geistes-, sozial- und wirt-schaftswissenschaftliche Fachgebiete geprägt, die traditionell wenig ausgründungsnah sind.
[5] Hemer et al. 2006, S. 90.
[6] Hemer et al. 2006. S. 194.
[7] Vgl. ADT 1998, S. 154 ff.

Laut einer ZEW-Studie aus dem Jahr 2007 werden jährlich 2.300 Spin-Offs gegründet.[1] Erfasst wurden Spin-Offs aus den Spitzen- und hochwertigen Technologien, aus den technologieorientierten Dienstleistungen sowie aus den wissensintensiven Dienstleistungen. Da es sich nach Gottschalk et al. nur bei etwas mehr als 10 % aller Spin-Offs um Hightech-Spin-Offs handelt, kann von rund 250 Hightech-Spin-Offs pro Jahr ausgegangen werden.[2] Die Befragung erfolgte im Rahmen des ZEW-Hightech-Gründerpanels.[3]

Andere Untersuchungen liefern noch geringere Zahlen. Kienbaum geht bei der Bestandsaufnahme des wissens- und technologieorientierten Gründungsgeschehens in Deutschland von rund 130 Hightech-Gründungen pro Jahr aus.[4] Egeln et al. ermittelten etwa 200 Hightech-Spin-Offs pro Jahr.[5]

Wippler hat durch die Auswertung verschiedener Studien ermittelt, dass der Anteil der Spin-Offs an Hightech-Gründungen in Deutschland zwischen 15 % und 28 % liegt, in den USA zwischen 1 % und 25 %.[6] Somit sind die Spin-Off-Raten entgegen der vorherrschenden Meinung in Deutschland höher als in den USA. Dass die USA oft zu Unrecht als Vorbild für ihre Spin-Off-Aktivitäten gelten, bestätigen auch Hemer et al.: So gibt es „… Hinweise, dass die Zahl der akademischen Spin-Offs in den USA, bezogen auf vergleichbare Nenner wie Forschungsvolumen oder Forschungspersonal, hinter europäischen Werten zurückbleiben und dass die überragende Qualität bzw. der größere ´Erfolg´ der Ausgründungen durchaus nicht belegt ist.“[7]

Die Ursache für die unterschiedlichen Zahlen liegt u. a. in der unterschiedlichen Abgrenzung der Spin-Offs. So beziehen Gottschalk et al. die wissensintensiven Dienstleistungen mit ein. Andere Studien erfassen explizit nur das Spin-Off-Geschehen in den Spitzen- und hochwertigen Technologien. Zudem betrachten einige Studien die Gründung von Spin-Offs durch Wis-

---

[1] Vgl. Gottschalk, Sandra et al. 2007, S. 25. Die jährliche Gründungsrate blieb von 1995 bis 2006 annähernd konstant.
[2] Vgl. Gottschalk, Sandra et al. 2007, S. 28.
[3] Vgl. Gottschalk, Sandra et al. 2007, S. 73 ff.
[4] Vgl. BMBF 2005, S. 20.
[5] Vgl. Egeln, Jürgen et al. 2003, S. 39.
[6] Vgl. Wippler, Armgard 1998, S. 118 f.
[7] Hemer, Joachim et al. 2006, S. 184.

senschaftler direkt nach deren Ausscheiden aus der Mutterorganisation, andere zählen auch eine Gründung dazu, die erst viele Jahre später erfolgt.

Auch wenn die Zahlen sich unterscheiden, zeigen sie dennoch, dass die Verwertung von Forschungsergebnissen durch Spin-Offs in quantitativer Hinsicht nur eine geringe Rolle spielt: Aufgrund der vorhergehenden Analysen soll von jährlich rund 250 Spin-Off-Gründungen im Hightech-Bereich ausgegangen werden, wobei rund 200 aus Hochschulen und rund 50 aus Forschungsorganisationen stammen. Dass Spin-Offs sich trotzdem positiv auf die deutsche Volkswirtschaft auswirken, wird unter Punkt 3.2 ausgeführt.

Die Zahl der akademischen Hightech-Spin-Offs verteilt sich nicht gleichmäßig über alle Branchen. In einigen Branchen sind diese die vorherrschende Art von Unternehmen. Am Massachusetts Institute of Technology (MIT) betrug von 1980 bis 1996 der Anteil der Spin-Offs aus der Biotechnologie 31 %, aus dem Softwarebereich 23 % und aus dem Materialbereich 11 %.[1] Shane erklärt den hohen Anteil der Biotechnologie-Spin-Offs damit, dass die Kompetenz für die Schaffung von biomedizinischen Technologien vor allem in der Wissenschaft liegt, dass die Technologien unabhängig von anderen Technologien genutzt werden können und dass ein effektiver Patentschutz möglich ist.[2] In Deutschland stellt sich die Situation ähnlich dar: Bei den jungen Biotechnologieunternehmen, die im Innovations- und Gründerzentrum Biotechnologie IZB Martinsried-Freising sitzen, handelt es sich fast ausschließlich um akademische Spin-Offs.[3]

Eine Untersuchung aus Deutschland zeigt, dass Hochschul-Spin-Offs vorwiegend in den Ingenieurwissenschaften stattfinden, gefolgt von den Naturwissenschaften.[4] Bei den bayerischen Universitäten liegen die Naturwissenschaften bei der Gründungsanzahl auf Platz 1, wobei die Ingenieurwissenschaften die höchste Spin-Off-Quote aufweisen.[5]

---

[1] Vgl. Shane, Scott 2004, S. 140.
[2] Vgl. Shane, Scott 2004, S. 140 ff.
[3] Vgl. Liecke, Michael; Heidenreich, Anna Maria 2008; vgl. auch IZB 2008.
[4] Vgl. Isfan, Katrin; Moog, Petra 2003, S. 116.
[5] Vgl. Knecht, Thomas C. 1998, S. 92, 97.

## 3.2. Bedeutung für die Volkswirtschaft

In den USA haben Spin-Offs eine hohe Bedeutung für die Volkswirtschaft. So konnten von den 134 zwischen 1980 und 1996 am MIT gegründeten Spin-Offs 18 Prozent (24 Firmen) an die Börse gehen.[1] In Deutschland sieht dies anders aus: „There is no counterpart in Germany to the prominent role that start-up companies perform in the commercialization of new technology in the United States."[2]

Untersuchungen des Global Entrepreneurship Monitor (GEM) zeigen, dass eindeutige Schwächen des Gründungsstandorts Deutschland in den gesellschaftlichen Normen und Werten, d. h. der positiven Einstellung gegenüber Unternehmensgründungen, sowie in der schulischen und außerschulischen Ausbildung liegen.[3] Arndt bestätigt dies: „Helden und Vorbilder sind wichtig. Dies geht in der Schule los, schon dort müssen Lebenswege aufgezeigt werden. Das Brandzeichen der gescheiterten Gründung muss abgelegt werden."[4] Wright et al. kommen bei ihrem Vergleich des europäischen und amerikanischen Wissenschafts- und Innovationssystems zu dem Schluss, dass die meisten europäischen Länder zwar sehr gute Leistungen hinsichtlich Publikationen und Patentanmeldungen aufweisen, der kommerziellen Verwertung von Forschungsergebnissen jedoch viel zu wenig Beachtung geschenkt wird.[5]

Zudem entsprechen die deutschen Spin-Off-Gründer nicht den Idealvorstellungen von Politik und Gesellschaft: Gewünscht werden Risikofreude, eine schnelle Umsetzung wissenschaftlicher Erkenntnisse in der Wirtschaft, Innovationen, schnelles Unternehmenswachstum und das Erschließen neuer Beschäftigungspotenziale.[6] Nach Hemer et al. müssen hier die Erwartungen realistischer formuliert werden, da dieser Typ des Unternehmers nicht der Mentalität deutscher Wissenschaftler entspricht.[7] Hightech-Gründer sind in

---

[1] Vgl. Shane, Scott 2004, S. 30.
[2] Abramson, Norman H. et al. 1997, S. 29.
[3] Vgl. Sternberg, Rolf 2007, S. 22 ff. Die besten Noten vergeben die Experten für die physische Infrastruktur, den Schutz geistigen Eigentums und die öffentliche Förderstruktur in Deutschland.
[4] Arndt, Werner 2008.
[5] Vgl. Wright, Mike et al. 2007, S. 7.
[6] Vgl. Spielkamp, Alfred 2005, S. 10.
[7] Vgl. Hemer, Joachim et al. 2006, S. 189 f.

der Regel nicht wachstums-, sondern gewinnorientiert.[1] Ein einfacherer und daher häufiger einzuschlagender Weg für den Technologietransfer ist in vielen Fällen die Lizenzierung an bestehende Unternehmen.[2]

Die Wissenschaftler selbst schätzen die Kommerzialisierbarkeit ihrer Forschungsergebnisse relativ hoch ein: So ermittelten Szyperski/Klandt bereits im Jahr 1981, dass über die Hälfte der Mitarbeiter aus Universitäten und Forschungsorganisationen von der kommerziellen Verwertbarkeit ihrer Technologien bei einer Unternehmensgründung ausging.[3] Isfan/Moog fanden bei einer Befragung von Hochschulprofessoren im Jahr 2003 heraus, dass knapp 60 % die Verwertbarkeit ihrer Forschungsergebnisse am Markt als Faktor bezeichnen, der für Unternehmensgründungen aus ihrem Fachbereich spricht.[4]

Abbildung 5 zeigt, wie Hochschulprofessoren ihre Forschungsergebnisse verwerten: Die Verwertung in eigenen Unternehmen geben 9,1 % der Fachhochschulprofessoren und 6,2 % der Universitätsprofessoren an.

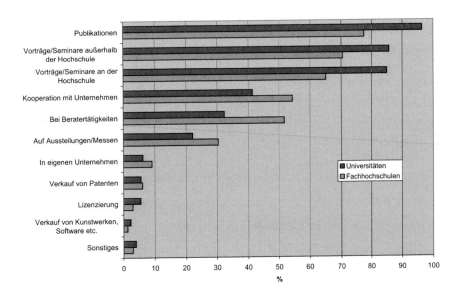

**Abbildung 5: Verwertung von Forschungs- und Arbeitsergebnissen durch Professoren an Universitäten und Fachhochschulen (Mehrfachnennungen) (Isfan/Moog[5])**

[1] Vgl. Autio, Erkko 1997, S. 264 ff.
[2] Vgl. Frank, Andrea et al. 2007, S. 80.
[3] Vgl. Szyperski, Norbert; Klandt, Heinz 1981, S. 244.
[4] Vgl. Isfan, Katrin; Moog, Petra 2003, S. 97 f.
[5] Isfan, Katrin; Moog, Petra 2003, S. 97.

Die Anzahl an Spin-Offs spiegelt dieses hohe Gründungspotenzial jedoch nicht wider, wie die ATHENE-Studie ergab: So setzten nur 4,4 % aller potenziellen Gründer in Hochschulen und Forschungsorganisationen eine vorhandene Gründungsabsicht um.[1] Laut Egeln et al. verlassen heute 3 bis 4 von 1.000 Wissenschaftlern pro Jahr die Wissenschaft aufgrund der Gründung eines Spin-Offs.[2]

Diesen Spagat zwischen möglicher Verwertbarkeit von Forschungsergebnissen und tatsächlicher Verwertung durch ein Spin-Off fasst die Aussage des Büros für Technikfolgen-Abschätzung zusammen: „Deutschland besitzt ein besonders großes, aber noch nicht hinreichend ausgeschöpftes Potenzial für akademische Spin-Offs."[3]

Wie die nachfolgenden Ausführungen zeigen, wirken sich Spin-Off-Gründungen positiv auf den technischen Fortschritt und den Wissenstransfer aus, auch wenn sich dies nur teilweise durch Zahlen belegen lässt. Ein höheres Wachstum gegenüber klassischen Unternehmensgründungen kann jedoch nicht belegt werden.

Egeln et al. haben Spin-Offs und unabhängige Hightech-Gründungen in Österreich verglichen. Sie stellten fest, dass Spin-Offs mehr Geld in Forschung und Entwicklung investieren, mehr Patente halten und einen engeren Kontakt zur Wissenschaft pflegen als vergleichbare junge unabhängige Unternehmen.[4] Allerdings haben die Spin-Offs keinen größeren Markterfolg als die unabhängigen Hightech-Gründungen, nur die Internationalisierung ist bei ihnen stärker ausgeprägt. Dieser Zusammenhang gilt auch, wenn nur ältere, d.h. 9- bis 11-jährige Unternehmen ausgewertet werden.[5] Für die Gesamtwirtschaft wichtig ist jedoch die Motivations- und Signalwirkung der Spin-Offs auf Wirtschaft und Gesellschaft.[6]

---

[1] Vgl. ADT 1998, S. 31, 65.
[2] Vgl. Egeln, Jürgen et al. 2003, S. 172.
[3] Hemer, Joachim et al. 2007, S. 27; vgl. auch BMBF 2005, S. 26.
[4] Vgl. Egeln, Jürgen et al. 2007, S. 11 ff.
[5] Vgl. Egeln, Jürgen et al. 2007, S. 14.
[6] Vgl. Gottschalk, Sandra et al. 2007, S. 31 f.

Die Hoffnung, dass Spin-Offs schneller wachsen als andere Unternehmens-gründungen, erfüllt sich nicht.[1] Die Studie des Büros für Technikfolgen-Abschätzung kommt zu dem Schluss, dass „sich die Mehrheit der Spin-Offs nicht zu großen Einheiten entwickelt ...und somit die erhoffte strukturelle Wirkung auf Beschäftigung, Bruttoinlandsprodukt und Erneuerung der Wirtschaftsstruktur möglicherweise auf Dauer gering bleiben werden."[2]

Spin-Offs treten nach Szyperski vermehrt bei Entwicklungsschüben des technischen Fortschritts auf.[3] Sie werden als Brücke zwischen Wissenschaft und Wirtschaft gesehen und sie stellen einen vielfach notwendigen Zwischenschritt dar: „In many cases, spinoff firms serve as a mechanism to bridge the development gap between university technology and private sector products and services."[4]

Die Brückenfunktion der Spin-Offs zeigt sich auch darin, dass diese interessante Beteiligungsobjekte oder Übernahmekandidaten für andere Unternehmen sein können.[5] Der Beitrag der Spin-Offs besteht hier in der Entwicklung und Lieferung spezialisierter Technologien.[6] So wurde die Biotechnologiefirma Genentech, ein Spin-Off der University of California in San Francisco und der Stanford University,[7] durch das Schweizer Unternehmen Roche im Jahr 1990 teilweise übernommen. Inzwischen hat Roche Genentech vollständig inkorporiert.[8]

Zum Abschluss dieses Kapitels soll auf die Frage eingegangen werden, ob Spin-Offs die Wissenschaft beflügeln können oder lediglich als Mittel dienen, um einseitige kommerzielle Interessen einzelner Personen durchzusetzen. Auch hier sind die Positionen konträr.

---

[1] Vgl. Pérez Pérez, Manuela; Sánchez Martínez, Angel 2003, S. 826 f.
[2] Hemer, Joachim et al. 2007, S. 117. So erzielten Spin-Offs im Alter von 9 Jahren in den alten Bundesländern mit 25 Beschäftigten einen durchschnittlichen Umsatz von knapp 2,3 Millionen Euro, in den neuen Bundesländern mit 15 Beschäftigten von gut 1 Million Euro. 3- bis 4-jährige Spin-Offs erzielten mit 10 Beschäftigten in den alten Bundesländern und mit 14 Beschäftigten in den neuen Bundesländern einen durchschnittlichen Umsatz von knapp 1,2 Millionen Euro (S. 50 ff.).
[3] Vgl. Szyperski, Norbert 1990, S. 5.
[4] Shane, Scott 2004, S. 114.
[5] Vgl. Egeln, Jürgen et al. 2003, S. 26.
[6] Vgl. Autio, Erkko 1997, S. 277.
[7] Vgl. Shane, Scott 2004, S. 16.
[8] Vgl. bionity.com 2008.

Forschungsstarke Hochschulen und Forschungseinrichtungen sehen in Anzahl und Erfolg ihrer Spin-Offs einen Nachweis der eigenen Leistungsfähigkeit.[1] So zeigen Studien, dass eine hohe Patentierungsaktivität mit einer ebenfalls hohen Publikationsleistung und -qualität einhergeht.[2, 3] Roberts fand heraus, dass Spin-Off-Gründer im Durchschnitt eine dreimal höhere Publikationsleistung aufweisen als andere Wissenschaftler und eine 32-fache Patentierungsaktivität.[4] Zudem können Hochschulen durch eine Beteiligung an Spin-Offs die Verwertung der Forschungsergebnisse auch in der Produktentwicklungsphase begleiten und gleichzeitig langfristig Einnahmequellen sichern.[5]

Es gibt jedoch auch Gegenstimmen: So erzielen laut Feller wirtschaftlich orientierte Fakultäten schlechtere wissenschaftliche Ergebnisse.[6] Zudem erreichen nur wenige Universitäten durch eine kommerzielle Ausrichtung signifikante Einkünfte: „... seeking to garner sizeable net revenue streams from increased patent and technology licensing is for most institutions the equivalent of purchasing lottery tickets whose expected value is likely to be less than the purchase price."[7]

Eine zu starke Ausrichtung der Forschungseinrichtungen auf Spin-Offs kann dazu führen, dass die Lehre und die Grundlagenforschung als zentrale Funktionen der Wissenschaft vernachlässigt werden. Die Verwertung von Forschungsergebnissen über Spin-Offs steht vielfach in direkter Konkurrenz zu den Aufgaben der Wissenschaft. So entfällt bei einer Spin-Off-Gründung aus Geheimhaltungsgründen in der Regel die Veröffentlichung, die For-

---

[1] Vgl. Frank, Andrea et al. 2007, S. 80.
[2] Vgl. McQueen, Douglas H; Wallmark, Torkel J. 1991, S. 107 ff.
[3] Vgl. Czarnitzki, Dirk et al. 2007, S. 5 ff. Von Bedeutung ist, wie und mit welchen Partnern die Forschungsergebnisse entwickelt werden, die zum Patent führen. Czarnitzki et al. differenzierten in einer Studie mit 3.000 deutschen patentaktiven Professoren danach, ob die Patente zusammen mit Hochschulen, Forschungsorganisationen oder Unternehmen erarbeitet wurden. Bei den akademischen Mutterorganisationen fanden sie eine positive Korrelation zwischen Patentaktivität und Publikationsleistung, bei den Unternehmen eine negative. Die Erklärung liegt wohl darin, dass es sich bei Patenten akademischer Mutterorganisationen um grundlegende Patente handelt, deren Inhalte auch für eine Publikation interessant sind. Patente von Unternehmen hingegen schützen eher inkrementale Verbesserungen; diese Ergebnisse sind meist nicht publikationsfähig.
[4] Vgl. Roberts, Edward B. 1991, S. 74.
[5] Vgl. Konegen-Grenier, Christiane; Winde, Mathias A. 2002, S. 34; vgl. auch Arndt, Werner 2008.
[6] Vgl. Feller, Irwin 1990, S. 342.
[7] Feller, Irwin 1990, S. 346.

schungsergebnisse stehen anderen Unternehmen nicht mehr zu Verfügung.[1] Auch erhalten die Spin-Off-Gründer persönlich finanzielle Vorteile, wobei sie auf Forschungsergebnisse zurückgreifen, die vom Steuerzahlen finanziert wurden.[2]

Bei diesen Fragen gibt es wohl kein „richtig" oder „falsch". Es müssen vielmehr ausgewogene Entscheidungen getroffen werden. Da der Wissenstransfer von der Forschung in die Praxis für das Gedeihen einer Volkswirtschaft eine hohe Bedeutung besitzt, darf dieser nicht von der Wissenschaft negiert werden, sondern muss einen entsprechenden Stellenwert erhalten.

## 4. Erfolgsfaktoren für akademische Hightech-Spin-Offs

In diesem Kapitel wird zunächst ein Überblick über die Erfolgsfaktorenforschung gegeben. Es werden verschiedene Studien und Systematiken vorgestellt und die Erfolgsfaktorenforschung kritisch gewürdigt. Anschließend werden zwei für Hightech-Spin-Offs besonders wichtige Erfolgsfaktoren betrachtet: die Gründerpersönlichkeit und das Transferobjekt. Ausdrücklich nicht behandelt werden weitere für Hightech-Spin-Offs ebenfalls sehr bedeutsame Erfolgsfaktoren wie Finanzierung, Standort und Netzwerke/Cluster. Die wichtigsten empirischen Studien zu Spin-Offs aus verschiedenen Ländern und deren Erfolgsfaktoren sind in Anhang A1 beschrieben.

### 4.1. Überblick über die Erfolgfaktorenforschung

Erfolgsfaktoren beschreiben die Determinanten des Erfolgs, d. h. die Einflussgrößen auf den Unternehmenserfolg.[3] Die Spannweite möglicher, den Erfolg beeinflussender Faktoren ist nahezu endlos. Erfolgsfaktoren haben grundsätzlich eine positive Wirkung auf die Unternehmensentwicklung, eindeutige kausale Beziehungen sind jedoch nur selten ermittelbar.[4]

Von den Erfolgsfaktoren zu unterscheiden sind die Erfolgsmaße (auch Erfolgsindikatoren genannt), die das Maß für die Erreichung der mit der

---

[1] Vgl. Egeln, Jürgen et al. 2003, S. 174.
[2] Vgl. Shane, Scott 2004, S. 286.
[3] Vgl. Hemer, Joachim et al. 2007, S. 65.
[4] Vgl. Hemer, Joachim et al. 2007, S. 69.

Gründung angestrebten Ziele angeben. Die in der empirischen Gründungsforschung vorwiegend verwendeten Erfolgsmaße beziehen sich auf die
Überlebensdauer, die Veränderung der Beschäftigtenzahl und die Umsatz-
entwicklung.[1] Müller-Böling/Klandt definieren den Gründungserfolg als das
Stattfinden einer Gründungsaktivität, die Existenzsicherung (Überlebensdauer der Gründungseinheit) und als qualifizierten Gründungserfolg, bestehend aus ökonomischen Maßen wie Gewinn, Umsatz und Beschäftigtenzahl
sowie außerökonomischen Maßen wie Gründungs- und Lebenszufriedenheit
und Selbstverwirklichung.[2]

Die Erfolgsfaktorenforschung ist umstritten und mit Hindernissen behaftet:
„Besonders die Fragestellung nach und die Diskussion von Erfolg oder Miß-
erfolg erweisen sich in der Gründungsforschung als schwierig, da es bei
bisherigen empirischen Untersuchungen keine einheitlichen Kriterien zu
deren Messung gegeben hat."[3] Wie schwer die eindeutige Definition von
Erfolgsfaktoren ist, zeigt auch die Aussage von Kulicke, dass die „.... empirische Überprüfung der Determinanten des Geschäftsverlaufs von JTU zu
keinem einheitlichen, konsistenten Bild von Erfolgs- oder Misserfolgskons-
tellationen geführt hat – mit Ausnahme des Befunds, daß sich eine systema-
tische Gründungsdurchführung eindeutig positiv auf den Unternehmenserfolg auswirkt."[4]

Kritisch stehen Nicolai/Kieser der Erfolgsfaktorenforschung gegenüber.
Laut den Autoren gibt es über 50 Studien und Metastudien zum Thema Erfolgsfaktoren, die jedoch allesamt keine gesicherten Ergebnisse aufweisen
und aus denen sich auch keine normativen Aussagen ableiten lassen.[5] Neben
dem Vorhandensein methodischer Schwächen und unterschiedlicher Theorien weisen die Autoren auf folgenden Sachverhalt hin: Erfolgsfaktoren, die
bekannt und kopierbar sind, verlieren ihre Wirkung. Ein herausragender

---

[1] Vgl. Hemer, Joachim et al. 2007, S. 66; vgl. auch Brüderl, Josef et al. 2007, S. 91 ff.
[2] Vgl. Müller-Böling, Detlef; Klandt, Heinz 1990, S. 160.
[3] Riegel, Sylke 2002, S. 333.
[4] Kulicke, Marianne et al. 1993, S. 161; JTU = Junge Technologieunternehmen.
[5] Vgl. Nicolai, Alexander; Kieser, Alfred 2002, S. 582 f. Eine Tabelle gibt einen Überblick
über die wichtigsten Studien zur Erfolgsfaktorenforschung.

Erfolg hat jedoch sehr viel mit Einzigartigkeit zu tun. Deshalb brechen erfolgreiche Unternehmen oft die in der Branche üblichen Regeln.[1]

Mit den Hürden der Erfolgsfaktorenforschung beschäftigt sich auch Tjaden: Er nennt das Kausalitätsproblem (es können auch andere, nicht berücksichtigte Faktoren mit für den Erfolg verantwortlich sein), das Zurechnungsproblem des Erfolgs (Ausmaß, in dem der einzelne Faktor den Erfolg beeinflusst), das Auswahlproblem von kritischen Erfolgsfaktoren, das Problem der angenommenen Zielhomogenität (Erfolg hängt von der Zieldefinition ab) und das Problem aufgrund der Dynamik der Unternehmensumwelt.[2]

Zu beachten ist zudem, dass sich Erfolgsfaktoren im Zeitablauf verändern. Um die Entwicklungsdynamik zu berücksichtigen, sollten diese nicht nur zum Gründungszeitpunkt, sondern zu mehreren Zeitpunkten gemessen werden. Zudem kann es sinnvoll sein, die Erfolgsfaktoren in mittel- und langfristige Faktoren zu unterteilen, da der Erfolgseinfluss einiger Faktoren mit der Zeit abnimmt.[3]

Diese Ausführungen zeigen, dass die Erfolgsfaktorenforschung auch mit kritischem Blick zu betrachten ist. Allerdings trägt diese Forschungsrichtung dazu bei, den Einfluss bestimmter Faktoren auf den Erfolg von Unternehmensgründungen zu systematisieren und zu priorisieren. Nach Freiling/Reckenfelderbäumer lassen sich Erfolgsfaktoren „der Sache nach kategorisieren, nicht aber vollständig und abschließend in geschäftsspezifischer Weise benennen."[4]

Einen Überblick über empirisch ermittelte Erfolgs- und Misserfolgsfaktoren im allgemeinen Gründungsprozess gibt Freiling.[5] Die Faktoren unterscheiden sich, je nach Studie erheblich, und reichen von der Gründungskonzeption über die Ressourcen, die Persönlichkeitsmerkmale und den Standort bis hin zur Marktattraktivität. Es lassen sich somit keine allgemeingültigen Er-

---

[1] Vgl. Nicolai, Alexander; Kieser, Alfred 2002, S. 584 ff.
[2] Vgl. Tjaden, Gregor 2003, S. 77 ff.
[3] Vgl. Schwarz, Erich J. et al. 2006, S. 165 ff.
[4] Freiling, Jörg; Reckenfelderbäumer, Martin 2007, S. 29.
[5] Vg. Freiling, Jörg 2006, S. 183.

folgsfaktoren definieren. Erfolgfaktoren sind stets unternehmens-, kontext- und situationsspezifisch.[1]

Knecht hat eine Übersicht über empirische Studien zu Erfolgsfaktoren von Spin-Offs zusammengestellt, wobei der Schwerpunkt auf Investitionskriterien institutioneller Investoren in Spin-Offs liegt.[2] Kataloge kritischer Erfolgsfaktoren und hemmender Faktoren haben Hemer et al. anhand von qualitativen Interviews mit Hochschulen und Forschungsorganisationen in Deutschland ermittelt.[3]

Betrachtet man die Erfolgsfaktorenforschung für Spin-Offs in den USA, so sind vor allem die Arbeiten von Roberts und Shane zu nennen, beides Forscher am MIT in Cambridge. So fand Roberts heraus, dass der Haupterfolgsfaktor des Managements ein sog. „Critical Event" war. Einige Zeit nach der Gründung wurde die vorherrschende forschungsgetriebene Kultur in eine zunehmend marktorientierte Kultur umgewandelt. Oft schieden die Gründer bei diesem Wandel aus dem Unternehmen aus.[4]

Wright et al. nennen dieses Phänomen „critical junctures" und identifizieren in den Phasen der Spin-Off-Entwicklung mehrere solcher kritischer Augenblicke. Ein „critical juncture" kann beispielsweise vorliegen, wenn die Spin-Off-Gründer ungenügend Marktwissen besitzen und übertriebene Erwartungen an den durch ihre Technologie zu erzielenden Gewinn haben. Wenn sich die Gründer dann nicht durch Teambildung oder mit Hilfe von Netzwerken das erforderliche Know-how beschaffen, werden sie scheitern.[5]

Im Zentrum dieses Buches stehen Erfolgsfaktoren, welche die Quantität und Qualität der Ausgründungsaktivitäten von Spin-Offs beeinflussen. Zur Sys-

---

[1] Vgl. Kutschker, Michael; Schmid, Stefan 2006, S. 802. Kutschker/Schmid sprechen in diesem Kontext von Erfolgspotenzialen, die erst durch ihre Umsetzung zu Erfolgsfaktoren werden. Auf diese Differenzierung soll hier nicht weiter eingegangen werden.
[2] Vgl. Knecht, Thomas C. 2003, S. 451 ff.
[3] Vgl. Hemer, Joachim et al. 2006, S. 172 ff. Um den Unternehmenserfolg und damit die Erfolgsfaktoren zu identifizieren, wurde eine Kombination von Erfolgsausmaßen verwendet, u.a. bestehend aus einer Überlebensdauer größer fünf Jahre und einem positiven Cash-Flow über die letzten drei Jahre, S. 171; vgl. auch Hemer, Joachim et al. 2007, S. 105 ff.
[4] Vgl. Roberts, Edward B. 1991, S. 330 ff.
[5] Vgl. Wright, Mike et al. 2007, S. 118 ff. Eine Tabelle der "critical junctures" in Verbindung mit den Entwicklungsphasen des Spin-Offs findet sich auf S. 120 f. Zum Thema „Netzwerke" vgl. auch Walter, Achim et al. 2008, S. 169 ff.

tematisierung wird der von Müller-Böling/Klandt[1] konzipierte und von Hemer et al.[2] weiterentwickelte Bezugsrahmen für Erfolgsfaktoren in modifizierter Form verwendet.

Bezugsrahmen bieten mentale Strukturen und werden zur Strukturierung und Kategorisierung genutzt, um Denkprozesse zu erleichtern.[3]

Abbildung 6 zeigt relevante Erfolgsfaktoren für Spin-Offs, wobei in diesem Buch der gestrichelte Bereich genauer betrachtet wird. Um aus einem an der Mutterorganisation entwickelten Forschungsergebnis ein Spin-Off zu generieren, bedarf es laut Spin-Off-Definition der Übertragung der Gründerperson und des Transferobjekts.

---

[1] Vgl. Müller-Böling, Detlef; Klandt, Heinz 1990, S. 149 ff. Müller-Böling/Klandt schlagen eine Dreiteilung in Merkmale und Verhaltensweisen der Gründerperson, Merkmale des Gründungsvorhabens bzw. des Unternehmens selbst und Eigenschaften des Umfelds der Gründung vor. Dieser Bezugsrahmen ist in der Gründungsforschung weitgehend anerkannt und weit verbreitet.
[2] Vgl. Hemer, Joachim et al. 2007, S. 59. Hemer et al. ergänzen den Bezugsrahmen von Müller-Böling/Klandt um den politisch-rechtlichen Bereich sowie den Transferbereich.
[3] Vgl. Fallgatter, Michael J. 2007, S. 102. Beispiele für unterschiedliche Bezugsrahmen von Erfolgsfaktoren, die sich jedoch nicht nur auf Gründungen beziehen, gibt Tjaden; vgl. Tjaden, Gregor 2003, S. 65 ff.

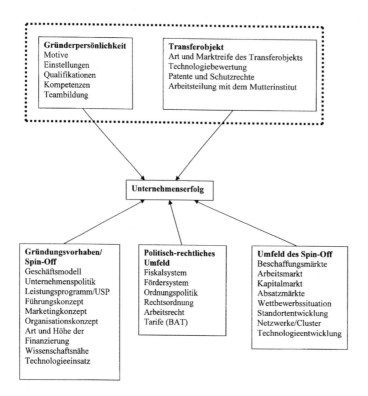

**Abbildung 6: Wichtige Erfolgsfaktoren für akademische Hightech-Spin-Offs; der Schwerpunkt des Buches liegt auf der Gründerpersönlichkeit und dem Transferobjekt (eigene Darstellung in Anlehnung an Müller-Böling/Klandt[1] und Hemer et al.[2])**

## 4.2. Die Gründerpersönlichkeit

Die Gründerpersönlichkeit ist eine wichtige Ressource für die Spin-Off-Gründung. Sie hat einen entscheidenden Einfluss auf den Erfolg oder Misserfolg einer Unternehmensgründung. Dies haben zahlreiche Studien belegt.[3] Nachfolgend wird auf das Humankapital der Gründer von Hightech-Spin-Offs, d. h. Qualifikation und Fachwissen, sowie auf ihre Motive und Einstellungen eingegangen. Da die Gründung akademischer Spin-Offs meist im Team erfolgt, werden auch Aspekte von Gründerteams diskutiert. Anschließend werden die Qualifikationen und Motive der Wissenschaftler den Anforderungen an Unternehmer gegenübergestellt. Keine Berücksichtigung

---

[1] Vgl. Müller-Böling, Detlef; Klandt, Heinz 1990, S. 149 ff.
[2] Vgl. Hemer, Joachim et al. 2007, S. 59.
[3] Vgl. Brüderl, Josef et al. 2007, S. 122 ff.; vgl. auch Kulicke, Marianne 1993, S. 159, 165; vgl. auch Hemer, Joachim et al. 2007, S. 66.

finden hier soziodemografische Daten wie der Familienhintergrund, das Alter[1] und das Geschlecht der Gründer.

### 4.2.1. Qualifikationen und Fachwissen

Die Ausbildung und die Berufserfahrung haben Einfluss auf die Qualifikation und das Fachwissen eines Gründers. Spin-Off-Gründer weisen generell einen hohen Ausbildungsstand auf. Die Studie von Hemer et al. ergab, dass 90 % der Gründer einen Hochschulabschluss besitzen und 63 % promoviert oder sogar habilitiert sind.[2] Brüderl et al. nennen die Branchenerfahrung des Gründers als einen zentralen Erfolgsfaktor, sowohl für eine Einzel- als auch für eine Teamgründung.[3] Bei Spin-Offs wird diese meist in der Mutterorganisation erworben.[4]

Knecht stellte fest, dass bei Spin-Offs aus bayerischen Universitäten mehr als die Hälfte aller Gründer in dem Fachbereich gründet, den sie erlernt hat. Ingenieure sind mit 90 % nahezu ausschließlich im eigenen Fachbereich tätig.[5] Zudem besitzen mehr als 45 % der Gründer eine Berufserfahrung zwischen 5 und 15 Jahren.[6] Für Spin-Off-Gründer in den USA ermittelte Roberts, dass diese auf eine durchschnittliche Berufserfahrung von 13 Jahren zurückblicken können, vorwiegend in der Mutterorganisation.[7]

Ein weiterer wichtiger Faktor sind die Erfahrungen, die aus der Zusammenarbeit mit der Industrie gewonnen werden: Wissenschaftler aus Forschungsorganisationen und Hochschulen gründen vermehrt, wenn sie an der Akquisition und Durchführung von Forschungsprojekten mit der Industrie beteiligt sind.[8]

---

[1] Auf das Alter kann in der Regel über die Berufserfahrung geschlossen werden. Erwähnt werden soll der Begriff der „free choice period" von Liles: So wird vorwiegend in einem Alter zwischen 26 und 36 Jahren gegründet. Bis zu einem Alter von 32 Jahren wachsen Erfahrungen, Kompetenzen und das Selbstvertrauen; ab einem Alter von 32 Jahren nehmen finanzielle und andere Verpflichtungen zu; vgl. Liles, Patrick R. 1974, S. 10 f.
[2] Vgl. Hemer, Joachim et al. 2007, S. 66 f.
[3] Vgl. Brüderl, Josef et al. 2007, S. 117, 190 f.
[4] Vgl. Sternberg, Rolf et al. 2007, S. 33.
[5] Vgl. Knecht, Thomas C. 1998, S. 101.
[6] Vgl. Knecht, Thomas C. 2003, S. 289 f.
[7] Vgl. Roberts, Edward B. 1991, S. 69 ff. Roberts nennt diese Berufserfahrung „key work experience", S. 71.
[8] Vgl. ADT 1998, S. 51, 74 f.; vgl. auch Sporer, Norbert 2008.

Einen Überblick über Ausbildungsstand, -richtung und beruflichen Erfahrungshintergrund deutscher (und amerikanischer) Gründer von Hightech-Unternehmen liefert Wippler.[1] Auch hier zeigt sich, dass deutsche Gründer einen hohen Ausbildungsstand haben und vor der Gründung überwiegend im Bereich Forschung und Entwicklung tätig waren.

Dass es sich bei den erworbenen Qualifikationen nicht nur um technische Kompetenzen handelt, zeigen Hemer et al.: So haben die Spin-Off-Gründer in der Mutterorganisation bereits Kompetenzen im Projektmanagement und teilweise auch in der Personalführung erworben. Vielfach können sie von den Erfahrungen früherer Ausgründungen aus der Mutterorganisation profitieren – und dies ist ein spezifisches Wissen, das in der Regel auch keine externen Berater besitzen.[2]

Die Branchenerfahrung ist jedoch nicht in jedem Fall ein positiver Erfolgsfaktor. Gilt der positive Zusammenhang meist für die Branchenerfahrung in der Mutterorganisation, so kann eine längere Industrieerfahrung vor der Gründung auch negativ sein. So stellt Roberts fest, dass der Technologietransfer umso geringer ist, je länger die Zeitspanne zwischen Verlassen der Mutterorganisation und der Spin-Off-Gründung ist: „... commercial experience has more of a decaying effect on the degree of source technology transfer to the new firm than does noncommercial experience."[3]

Von hoher Bedeutung in der Gründungsphase ist die Weitergabe des Wissens durch die Wissenschaftler: Garvin sieht im Know-how-Transport durch Personen in den frühen Phasen des Lebenszyklusses einen der wichtigsten Erfolgsfaktoren von Spin-Offs: „... that the industry´s critical design and production techniques be embodied in skilled labor rather than in physical capital."[4] Und: „... highly trained personnel play a pivotal role, for it is their skills which determine the eventual success or failure of a company."[5]

---

[1] Vgl. Wippler, Armgard 1998, S. 107 ff.
[2] Vgl. Hemer, Joachim et al. 2006, S. 167.
[3] Roberts, Edward B. 1991, S. 118. Zudem fand er heraus, dass bis zu 65 % aller Spin-Offs im Anschluss an die wissenschaftliche Tätigkeit oder sogar zuvor gegründet wurden, S. 71.
[4] Garvin, David A. 1983, S. 11.
[5] Garvin, David A. 1983, S. 11.

Doch auch die hohe Qualifikation der Wissenschaftler in ihrem Fachgebiet schützt nicht vor Problemen im technischen Bereich. Dies liegt daran, dass Spin-Offs meist gegründet werden, bevor ein ausgereiftes Produkt vorliegt. Hier sind dann Kenntnisse in der Produktentwicklung und Produktion notwendig; diese fehlen den auf Forschung und Entwicklung ausgerichteten Wissenschaftlern vielfach:[1] "However, academia lacks people with product development skills."[2] In den USA ist dies teilweise anders: Hier sind Spin-Off-Gründer nicht nur forschungs-, sondern auch entwicklungsorientiert. Sie entwickeln ihre Technologie bereits in der Mutterorganisation möglichst zur Anwendungsreife weiter und bauen darauf bei der Gründung auf.[3]

Auch diese Erkenntnisse dürfen nicht verallgemeinert werden. So fanden Marvel/Lumpkin heraus, dass für den Erfolg disruptiver Technologien hohes und spezialisiertes Technologiewissen von Vorteil, hohes Produktentwicklung- und Marktwissen jedoch von Nachteil ist.[4] Die Autoren schlussfolgern: „A person who is not conditioned to the accepted norms of customers, markets, and common development processes, but who has rich technology knowledge, may be best positioned to recognize, develop, and exploit opportunities with breakthrough potential."[5]

In verschiedenen Studien wurde nach den bedeutsamsten Qualifikationsdefiziten von Spin-Off-Gründern gefragt. So nannten die Wissenschaftler bayerischer Universitäten mangelnde Markt- und Gründungkenntnisse als zweitwichtigstes Hindernis bei der Vermarktung von Forschungsergebnissen.[6] Eine deutschlandweite Befragung von Gründungsinteressierten aus Hochschulen ergab, dass große Mängel hinsichtlich kaufmännischer Kenntnisse, Managementerfahrung und Marktkenntnisse vorhanden sind.[7] Hackl betont, dass „Spin-Off-Gründer oft nicht auf Anhieb verstehen, dass für das Produkt ein Kundennutzen vorhanden sein muss; dies ist im wissenschaftli-

---

[1] Vgl. Chiesa, Vittorio; Piccaluga, Andrea 2000, S. 337.
[2] Shane, Scott 2004, S. 184.
[3] Vgl. Roberts, Edward B. S. 107 f.
[4] Vgl. Marvel, Matthew R.; Lumpkin, G. Tom 2007, S. 818 ff.
[5] Marvel, Matthew R.; Lumpkin, G. Tom 2007, S. 822.
[6] Vgl. Knecht, Thomas C. 1998, S. 86. Als größtes Problem bei der Vermarktung von Forschungsergebnissen wurden unzureichende zeitliche Ressourcen angegeben.
[7] Vgl. ADT 1998, S. 71 f.

chen Bereich einfach kein Kriterium."[1] Hemer et al. sehen in ihrer Studie
über akademische Spin-Offs den Mangel an strategischer Planung und die
unzureichende Kenntnis der Zielmärkte als „notorisches und typisches Defi-
zit"[2].

### 4.2.2. Motivation und Einstellungen

Obwohl es umfassende Literatur zu den Motiven von Unternehmensgrün-
dern gibt, gilt dies weniger für Spin-Off-Gründer. Laut Shane wurden selbst
in den USA nur wenige Faktoren untersucht – „… and even the evidence for
these characteristics has been largely anecdotal."[3] Grundsätzlich sind Spin-
Off-Gründer „entrepreneurial types", die schon immer ein Unternehmen
gründen wollten und ihre wissenschaftlichen Erfindungen dazu nutzen, dieses Ziel zu verwirklichen.[4] Roberts charakterisiert Spin-Off-Gründer mit
folgenden Worten: „That person is not only ready and waiting when opportunity knocks; he or she knows where to wait!"[5] Welche Motive treiben nun
Spin-Off-Gründer an?

Aufbauend auf dem Ansatz McClelland´s sieht Klandt das Leistungsmotiv
als „**das** unternehmerische Motiv".[6] Unternehmensgründer, gleich welcher
Branche, zeichnen sich durch eine stärkere Leistungsfähigkeit als andere
gesellschaftliche Gruppen aus; bei den erfolgreichsten Gründern wurden
auch die höchsten Leistungsmotivwerte gemessen.[7] Dieses Leistungsmotiv,
auch als N Achievement bezeichnet[8], ist Bestandteil der „Traits-School",
einem Forschungszweig, der sich mit den Charakterzügen von Unterneh-
mensgründern beschäftigt. Demnach besitzen Unternehmensgründer zudem
eine moderate Neigung zur Risikoübernahme, ein hohes Maß an Ambiguitätstoleranz, einen internen „Locus of Control", ein starkes Streben nach

---

[1] Hackl, Christian 2008.
[2] Hemer, Joachim et al. 2006, S. 136.
[3] Shane, Scott 2004, S. 305.
[4] Shane, Scott 2004, S. 155.
[5] Roberts, Edward B. 1991, S. 103.
[6] Klandt, Heinz 1990, S. 88.
[7] Vgl. Roberts, Edward. B. 1991, S. 345 f.
[8] Vgl. McClelland, David C. 1965, S. 390 f. High N Achievement (N = Need) bedeutet,
dass Personen mit einem höheren Leistungsmotiv eher in der Position eines Unternehmers
zu finden sind: So hatten 83 % der Unternehmer ein höheres N Achievement und 79 % der
Nicht-Unternehmer ein niedrigeres N Achievement als ihre vergleichbaren Kollegen.

Autonomie, Dominanz und Selbstachtung sowie ein geringes Bedürfnis nach Konformität und Unterstützung.[1]

Eine moderate Neigung zur Risikoübernahme oder sogar eine risikoaverse Einstellung zeigt sich auch in der Studie von Hemer et al: So halten sich viele Spin-Off-Gründer die Rückkehrmöglichkeit in die Mutterorganisation offen, indem sie Teilzeitarbeitsplätze in Anspruch nehmen.[2,3] Dies bestätigt die große Angst in Deutschland, mit einer Unternehmensgründung zu scheitern. Laut GEM unterlassen in Deutschland 46,5 % der 18- bis 64-Jährigen aufgrund dieser Angst eine Gründung. Deutschland liegt damit unter 42 untersuchten Ländern auf Platz 37.[4]

Einen weiteren Hinweis auf eine moderate Neigung zur Risikoübernahme liefert die durch Hightech- und Spin-Off-Gründer angestrebte geringe Unternehmensgröße. Viele Gründer zielen auf den Aufbau einer kleinen, überschaubaren Einheit. Ziel ist ein „… innovatives, möglichst hochprofitables Spezialunternehmen mit einem leicht managebaren Mitarbeiterstamm und geringen Entscheidungsbefugnissen externer Kapitalgeber."[5] Dennoch möchten 27 % der Spin-Off-Gründer schnell expandieren.[6]

Shane sieht die Ursachen für die unterschiedlichen Neigungen zu einer Unternehmensgründung weniger in den Motiven der Gründer als vielmehr in den demografischen Merkmalen wie im Geschlecht und in der Branche, in welcher der Entrepreneur zuvor gearbeitet hat.[7] Nach Ripsas hängt in

---

[1] Vgl. Fallgatter, Michael J. 2007, S. 198 ff. Die Ambiguitätstoleranz betrifft den Umgang mit mehrdeutigen Situationen: Personen mit einer hohen Ambiguitätstoleranz verspüren nicht das Bedürfnis, ungewisse Situationen sofort zu reduzieren. Das Eigenschaftsmerkmal „Locus of Control" beschreibt das Ausmaß, in dem Personen ihr Leben als unter Kontrolle stehend empfinden: Ein interner Locus of Control liegt vor, wenn eine Person der Überzeugung ist, dass der Erfolg vornehmlich von den eigenen Anstrengungen abhängt.
[2] Vgl. Hemer, Joachim et al. 2006, S. 165.
[3] Die unterschiedliche Einstellung von Deutschen und Amerikanern lässt sich gut an der Inanspruchnahme von Teilzeitarbeitsplätzen verdeutlichen: So sieht Roberts die Teilzeit nicht als Ausdruck einer Risikoaversion, sondern als eine Chance: Der Gründer „… is more likely to transfer into his company technology related to lab projects on which he is currently working and other ideas that are current in his laboratory.", vgl. Roberts, Edward B. 1991, S. 111.
[4] Vgl. Sternberg, Rolf et al. 2007, S. 19.
[5] Kulicke, Marianne 1993, S. 140.
[6] Vgl. Hemer, Joachim et al. 2007, S. 79 f.
[7] Vgl. Shane, Scott 2008, S. 42 ff. Interessant ist auch eine Auflistung, die zeigt, welche Berufsgruppen eher zur Selbstständigkeit neigen und welche weniger (S. 49 ff.).

Deutschland die Wahrscheinlichkeit einer Gründung von der Lebensge-
schichte sowie vom aktuellen Umfeld und der subjektiven Einschätzung
durch den Gründer ab.[1] Dies bestätigt Liles: „… certain kinds of experi-
ences and situational conditions – rather than personality or ego – are the
major determinants of whether or not an individual becomes an entrepreneur."[2]

Aufgrund dieser Unstimmigkeiten haben Shane et al. die in der Literatur
den Unternehmern zugeschriebenen Motive wie Leistungsmotiv und Risiko-
und Ambiguitätstoleranz mittels Sekundäranalyse untersucht. Die teilweise
widersprüchlichen Ergebnisse der Studien erklären die Autoren mit Schwächen im Forschungsprozess.[3] Im Ergebnis kommen sie zu dem Schluss, dass
diese Motive im unternehmerischen Prozess eine wichtige Rolle spielen,
wenn die Umfeldfaktoren konstant bleiben.[4]

Eine Übersicht zu den wichtigsten Gründungsmotiven deutscher (und amerikanischer) Hightech-Gründer findet sich bei Wippler:[5] Hightech-Gründer
werden durch das Streben nach Unabhängigkeit, eine vorgefundene Markt-
lücke und Probleme mit dem Arbeitgeber motiviert. Bezieht man diese Ergebnisse auf Spin-Off-Gründungen, so haben Egeln et al. herausgefunden,
dass auch bei diesen das Hauptmotiv in der Selbstbestimmtheit und Unabhängigkeit liegt. Als weitere Motive folgen bessere Einkommensaussichten,
die konkrete Nachfrage von Unternehmen sowie die Nutzung wirtschaftlicher Potenziale. Die besseren Karrieremöglichkeiten stehen ganz am
Schluss.[6] In den USA ist, im Gegensatz zu Deutschland, die finanzielle Perspektive sehr wichtig: „… star scientists seek to earn a financial return on
their intellectual capital."[7]

Für viele Wissenschaftler ist es ein ganz entscheidendes Gründungsmotiv,
die eigene Technologie in eine erfolgreiche industrielle Anwendung umzu-

---

[1] Vgl. Ripsas, Sven 1997, S. 193 ff.
[2] Liles, Patrick R. 1974, S. 5.
[3] Vgl. Shane, Scott et al. 2003, S. 269 ff.
[4] Vgl. Shane, Scott et al. 2003, S. 258, 276.
[5] Vgl. Wippler, Armgard 1998, S. 104 f.
[6] Vgl. Egeln, Jürgen et al. 2003, S. 105; vgl. auch Hemer, Joachim et al. 2007, S. 68 f.
[7] Shane, Scott 2004, S. 161.

setzen.[1] Die Gründer „… definieren sich selbst zuallererst als Ingenieure und Forscher, ihr Interesse gilt einer spezifischen Technologie und ein wesentliches Motiv zur Gründung speist sich aus der Überzeugung, dass ihre Entwicklungen gesellschaftlich sinnvoll sind, dass sie gebraucht und nachgefragt werden."[2] Nur die Erfinder neuer Technologien haben die Geduld und das Engagement, diese auch weiterzuentwickeln.[3] Sporer, den Gründer von Sensodrive, einem Spin-Off aus dem Deutschen Zentrum für Luft- und Raumfahrt (DLR), hat „… die Chance getrieben, unsere Forschungsergebnisse in die Praxis umzusetzen. Zudem wollen wir etwas Neues schaffen."[4]

Hohe Priorität genießen somit Forschung und Entwicklung, Scale-up von Technologien und Bildung des technologischen Teams. Strategische Planung, Marketing und die Bildung des unternehmerischen Teams liegen weit auf den hinteren Plätzen.[5] Im Fokus steht also die Technologie, weniger das aufzubauende Unternehmen. Szyperski/Klandt bestätigen dies und sehen das Problem von naturwissenschaftlich-technischen Spin-Off-Gründern in den „…oftmals nicht kommerziell orientierten Wertvorstellungen."[6]

Der Impuls einer Spin-Off-Gründung geht zudem oft von konkreten Nachfragen von Kooperationspartnern anderer Institute aus: So hat der Gründer des Spin-Offs attocube systems, Haft, seinen Entschluss zur Gründung gefasst, als Gastprofessoren seine Geräte zur ultragenauen Positionierung von Proben im Nanobereich für die Mikroskopie wiederholt nachgefragt haben.[7]

Die Gründungsneigung, d. h. das Interesse und die Bereitschaft zur Gründung eines Spin-Offs, lässt sich in einem gewissen Rahmen in eine positive Richtung steuern. Hierzu haben Isfan/Moog die Einflussfaktoren auf die Gründungsneigung von Professoren und wissenschaftlichen Mitarbeitern deutscher Hochschulen untersucht. Sie kommen zu dem Schluss, dass mehr Ausgründungen erfolgen, je mehr Angebote eine Hochschule in Bezug auf

---

[1] Vgl. Roberts, Edward B. 1991, S. 118 ff.
[2] Hemer, Joachim et al. 2006, S. 163.
[3] Vgl. Shane, Scott 2004, S. 122.
[4] Sporer, Norbert 2008.
[5] Vgl. Samsom, Karel J.; Gurdon, Michael A. 1993, S. 69 f.
[6] Szyperski, Norbert; Klandt, Heinz 1981, S. 37.
[7] Vgl. Haft, Dirk, Rede vom 01.06.2006.

die Gründerausbildung vorhält und je mehr die Leitung der Hochschule Ausgründungen unterstützt.[1] So waren über 40 % der Professoren schon einmal in eine Gründung involviert, davon 55 % als Berater und 28 % als Geschäftsführer.[2] Die wissenschaftlichen Mitarbeiter hingegen sind weit weniger gründungsorientiert: 2,8 % waren „gründungsentschlossen", 9,4 % bereits selbstständig.[3]

Die Neigung zur Gründung eines Spin-Offs ist die eine Sache, die erfolgreiche Gründung die andere. Um mit der Gründung erfolgreich zu sein, muss der Spin-Off-Gründer sich selbst einschätzen und führen können: „Dazu zählt die Eigenmotivation, die eigenen Emotionen, den Optimismus, den Selbstzweifel und die eigenen Stärken und Schwächen selbst kontrollieren zu können".[4] Viele Gründer scheitern aufgrund von Selbstüberschätzung und Fehleinschätzung der eigenen Fähigkeiten, weniger aufgrund externer Faktoren.[5] Als Beispiel nennt Arndt, dass die Planung vielfach zu unscharf und zu optimistisch ist.[6]

Hier liegt viel Verbesserungpotenzial, da die Gründer in der Selbsteinschätzung ihrer Kompetenzen nicht gerade zurückhaltend sind: „Founders of high-growth companies rate themselves highly on the traditional entrepreneurial skills: the drive to see the venture through to fruitition, and the ability to recognize opportunity."[7]

### 4.2.3. Gründerteams
Gründer von „klassischen" Unternehmen agieren oft alleine. Für Hightech-Gründungen und Spin-Offs ist die Teamgründung schon seit Jahren die dominante Gründungsform.[8] Nach Roberts gehen Spin-Off-Gründer nicht alleine zu Werk: "They co-found their companies, the more the merrier."[9]

---

[1] Vgl. Isfan, Katrin; Moog, Petra 2003, S. 150.
[2] Vgl. Isfan, Katrin; Moog, Petra 2003, S. 95.
[3] Vgl. Isfan, Katrin; Moog, Petra 2003, S. 139. „Gründungsentschlossen" bedeutet, dass bereits eine schriftlich ausgearbeitete Idee vorhanden ist und/oder bereits Verhandlungen mit Kapitalgebern geführt werden.
[4] Doppelberger, Thomas; Schwind, Tobias 2007, S. 235.
[5] Vgl. Brandis, Hendrik 2008. Untersucht wurde im Jahr 2003, warum manche Portfoliounternehmen des VC-Gebers gescheitert sind: Zu 60 % lag es an den Hightech-Gründern.
[6] Vgl. Arndt, Werner 2008.
[7] Chandler, Gaylen N.; Jansen, Erik 1992, S. 232.
[8] Vgl. Lechler, Thomas; Gemünden, Hans G. 2003, S. 20.
[9] Roberts, Edward B. 1991, S. 346.

Ein Gründerteam setzt sich aus mindestens zwei Personen zusammen, die gemeinsam ein Unternehmen neu gründen, jeweils einen bedeutenden Anteil am Eigenkapital des Unternehmens halten, leitende Funktionen im Unternehmen wahrnehmen und persönlich die Geschäftsrisiken tragen.[1]

Nach Wippler liegt der Anteil an Teamgründungen bei Hightech-Unternehmen in Deutschland zwischen 38 % und 67 %. Im Schnitt sind in einem solchen Team 1,6 bis 2,6 Gründer aktiv.[2] Hemer et al. geben die durchschnittliche Größe eines Gründerteams einer Spin-Off-Gründung mit 3,6 Personen an.[3] Spin-Off-Teams sind in der Regel größer als die Teams von Hightech-Gründungen.[4]

Die Teambildung ist bei einer Spin-Off-Gründung ein wichtiger Erfolgsfaktor. Spin-Offs müssen ihre Produkte in langwieriger Arbeit entwickeln und benötigen hierfür Venture Capital. Und Venture Capital Geber investieren nur in Teams, deren Mitgliedern sie diese Aufgaben auch zutrauen. Dies sind in der Regel interdisziplinäre Teams, die sowohl technische als auch kaufmännische und unternehmerische Kenntnisse und Erfahrungen aufweisen können.[5]

Wichtig ist auch eine ausgewogene Mischung aus akademischer Erfahrung und Industrieerfahrung. So sind Gründerteams erfolgreicher, die sowohl auf das technologische Wissen der Wissenschaftler als auch auf das Wissen der Unternehmer über Gründung und Aufbau eines Unternehmens, Kenntnisse der Produktentwicklungs- und Produktionsprozesse sowie das Marktwissen zurückgreifen können.[6]

Auch die Art der Mutterorganisation hat einen wesentlichen Einfluss auf den Erfolg einer Teamgründung: Während Spin-Offs aus Forschungsorganisationen meist durch erfahrene Teams initiiert werden, besteht bei Spin-Offs

---

[1] Vgl. Lechler, Thomas; Gemünden, Hans G. 2003, S. 5.
[2] Vgl. Wippler, Armgard 1998, S. 113 ff.
[3] Vgl. Hemer, Joachim et al. 2007, S. 75 f. Werden nur die hauptamtlichen Gründer berücksichtigt, so reduziert sich das Gründerteam auf 1,9 Personen. Die mitgründenden Institutsleiter und Lehrstuhlinhaber sind oft nur nebenamtlich in dem Spin-Off tätig.
[4] Vgl. Wright, Mike et al. 2007, S. 139.
[5] Vgl. Wright, Mike et al. 2007, S. 133.
[6] Vgl. Shane, Scott 2004, S. 241.

aus Hochschulen die Gefahr, dass den Gründern wichtige Erfahrungen fehlen.[1] Dieses Problem lösen viele Gründer, indem sie mit Personen ein Gründerteam bilden, die bereits Berufserfahrung haben und ihr Marktwissen, ihre Netzwerke und auch ihre Glaubwürdigkeit einbringen.[2]

Den meisten Studien zufolge haben Ausgründungen im Team eine größere Erfolgschance als Ausgründungen durch Einzelpersonen.[3] Einen guten Überblick über die Korrelation von Teamgründungen und Gründungserfolg im Vergleich zu Einzelgründungen geben Mellewigt/Späth[4]: So stützen die meisten empirischen Studien aus Deutschland und den USA die These, dass Teamgründungen erfolgreicher sind, da sich die komplementären Fähigkeiten der Gründer gegenseitig ergänzen und somit Anforderungen von Technik und Markt besser erfüllt werden können.

Ensley/Hmieleski haben den Erfolg von Teamgründungen von akademischen Spin-Offs und Hightech-Unternehmen verglichen. Sie fanden heraus, dass die Spin-Off-Teams weniger erfolgreich hinsichtlich Umsatzwachstum und Cash-Flow sind. Dies führen sie darauf zurück, dass die Spin-Off-Teams eine homogenere Zusammensetzung hinsichtlich ihrer Ausbildung, Industrieerfahrung und Fähigkeiten aufweisen. Zudem besitzen sie einen niedrigeren Grad an gemeinsam verfolgten Strategien und Konfliklösungspotenzialen als die Teams der Hightech-Gründungen.[5]

Lechler/Gemünden haben die in der Literatur beschriebenen Vorteile von Gründerteams in sozio-psychologische, kapazitive sowie Fähigkeits- und Wissensvorteile gegliedert:[6]
- Zu den sozio-psychologischen Vorteilen zählen die höhere Motivation sowie das Gefühl der gegenseitigen Unterstützung und Sicherheit auch in schwierigen Situationen.

---

[1] Vgl. BMBF 2005, S. 24.
[2] Vgl. Cooper, Sarah Y.; Park, John S. 2008, S. 27.
[3] Vgl. Doppelberger, Thomas; Schwind, Tobias 2007, S. 230; vgl. auch Fazit einer Literaturanalyse von Lechler, Thomas; Gemünden, Hans G. 2003, S. 33.
[4] Vgl. Mellewigt, Thomas; Späth, Julia F. 2005, S. 158 ff; vgl. auch Lechler, Thomas; Gemünden, Hans G. 2003, S. 32 f.
[5] Vgl. Ensley, Michael D.; Hmieleski, Keith M. 2005, S. 1099 ff.
[6] Vgl. Lechler, Thomas; Gemünden, Hans G. 2003, S. 30 ff.

- Die kapazitiven Vorteile liegen im Vorhandensein von ausreichend Personalkapazität für die Erledigung der zahlreichen Aufgaben, zum Ausbau von Netzwerken und zur Akquise von Finanzmitteln.
- Die Fähigkeits- und Wissensvorteile zeigen sich im Treffen besserer Entscheidungen in gemeinsamen Diskussions- und Entscheidungsprozessen sowie in der Ergänzung der verschiedenen Fähigkeiten.

Doch Teamgründungen weisen nicht nur Vorteile auf. Kritisch muss angemerkt werden, dass komplementäre Teams aufgrund des unterschiedlichen Lebenshintergrunds auch ein größeres Konfliktpotenzial beherbergen: So kam es bei 30 % der Spin-Offs mit Teamgründung in den ersten drei Jahren zum Ausscheiden eines der geschäftsführenden Mitgründer.[1] Zudem kann sich auch die Größe der Gründerteams negativ auswirken, da Konflikte mit wachsender Teamgröße ansteigen.[2] Außerdem besteht bei Gründerteams stets die Gefahr einer ineffizienten Kommunikation sowie komplexer und langwieriger Entscheidungsprozesse.[3]

In der Praxis handelt es sich bei den Teams von Spin-Off-Gründungen oftmals um den Zusammenschluss von Gründern verwandter Fachgebiete, d. h. um intradisziplinäre Teams. Ingenieure und Naturwissenschaftler bleiben unter sich. Wenn fachliche Grenzen überschritten werden, dann verbinden sich Gründer mit natur- und wirtschaftswissenschaftlicher Ausbildung.[4] Dies bestätigen Hemer et al.: So befinden sich in fast 70 % der Fälle in den Gründerteams ausschließlich Natur- und/oder Ingenieurwissenschaftler, in knapp 25 % der Fälle handelt es sich um gemischte Gründerteams mit naturwissenschaftlicher und wirtschaftswissenschaftlicher Qualifikation.[5]

---

[1] Vgl. Hemer, Joachim et al. 2006, S. 141. Weniger problematisch sehen dies Lechler/Gemünden: Bei den Gründerteams technologieorientierter Unternehmensgründungen waren nur 9 % der Gründerteams von einer Fluktuation betroffen; diese wirkte sich nicht nachhaltig negativ auf den Unternehmenserfolg aus; vgl. Lechler, Thomas; Gemünden, Hans G. 2003, S. 92, 144.
[2] Vgl. Brüderl, Josef et al. 2007, S. 192. In der Studie berichten 27 % der Gründerteams mit zwei oder drei Partnern von ernsthaften Konflikten, in größeren Teams mit vier oder mehr Mitgliedern sind es 45 %.
[3] Vgl. Lechler, Thomas; Gemünden, Hans G. 2003, S. 36 f.
[4] Vgl. Egeln, Jürgen et al. 2003, S. 102 f.; vgl. auch Kulicke, Marianne; Schleinkofer, Michael 2008, S. 8.
[5] Vgl. Hemer, Joachim et al. 2007, S. 67 f.

Die Teambildung erfolgt nicht immer strategisch motiviert. Viele Hightech-Gründer kennen sich schon vor der gemeinsamen Unternehmensgründung: So kannten sich 69 % aus gemeinsamen Arbeitsbeziehungen, 60 % hatten einen gemeinsamen freundschaftlichen oder familiären Hintergrund. Von einer bewussten Partnerwahl im Hinblick auf komplementäre Fähigkeiten kann somit nicht die Rede sein; weit wichtiger sind gute persönliche Beziehungen.[1] Folglich ist auch die Qualität der sozialen Interaktion in den Gründungsteams hoch.[2]

Dass die Mitglieder eines Spin-Off-Gründerteams vielfach nicht nach strategischen Gesichtspunkten ausgewählt werden, beanstanden auch Wright et al.: „Core founding teams of spin-offs appear to be unbalanced in terms of experience. Their experience is highly concentrated in research and development, while sectoral experience in commercial functions such as product management or business development is completely lacking."[3]

Nach einer Studie von Müller scheint die Frage der Interdisziplinarität von Spin-Off-Teams keine große Bedeutung zu haben. Entscheidend für den Erfolg ist, dass im Team gegründet wird und nicht, wie sich das Team zusammensetzt. Müller erklärt dies dadurch, dass eine gute Zusammenarbeit und ein gutes Zusammenpassen wichtiger sind als eine vollständige Abdeckung aller Qualifikationen.[4]

### 4.2.4. Der Weg vom Wissenschaftler zum Unternehmer

Wissenschaftler und Unternehmer verfolgen unterschiedliche Zielsetzungen: Wissenschaftler möchten bahnbrechende Entdeckungen machen, Unternehmer hohe Gewinne erwirtschaften. Soweit das Klischee, das jedoch auch viel Wahrheit enthält, wie die nachfolgenden Ausführungen zeigen.

Szyperski/Klandt haben schon im Jahr 1981 die unterschiedliche Wertorientierung von Wissenschaft und Wirtschaft beschrieben. Expertengespräche ergaben, dass es „... hinsichtlich einer möglichen kommerziellen Nutzung von Inventionen durch die beteiligten Forscher zu Kollisionen zwischen

---

[1] Vgl. Lechler, Thomas; Gemünden, Hans G. 2003, S. 89 ff.
[2] Vgl. Lechler, Thomas; Gemünden, Hans G. 2003, S. 107.
[3] Wright, Mike et al. 2007, S. 139.
[4] Vgl. Müller, Bettina 2006 S. 21 ff.

dem Wertesystem der Wissenschaft auf der einen Seite und des Kommerzes auf der anderen Seite komme."[1] So richtet sich die wissenschaftliche Werthaltung auf ein Erkenntnisinteresse und eine Profilierung durch Veröffentlichungen. Für eine unternehmerische Tätigkeit ist jedoch die Nutzungsorientierung unerlässlich.[2]

Dass zwischen Wissenschaftlern und Unternehmern eine „mentale Lücke" vorhanden ist, zeigt folgendes Zitat: „The transition from researcher to entrepreneur requires a dramatic change in culture. Researchers seek truth and an open exchange of ideas. They must be allowed to follow their instincts, explore with the freedom to fail, and not be overly pressured to show near-term progress. Entrepreneurs – on the other hand – must seek the single solution that will maximize profitability, be concerned with near-term results, make compromises in the interest of expediency, and seek market acceptance."[3]

In der Wissenschaft steht die Suche nach Wissen über der Erzielung von finanziellem Gewinn. Dies spiegelt sich auch in der Einstellung der Wissenschaftler und ihrem Verhalten wider: „Academic scientists live in a culture which is peer group oriented; peer recognition and tenure provide motivation and security within academic structures in which they function fairly independently. Decision-making processes are based on consensus."[4] Die Forschung ist eher breit und langfristig ausgelegt, der Wissenschaftler möchte technologische Entdeckungen machen, die weit über die Marktbedürfnisse hinausgehen.[5]

Der Unternehmer hingegen setzt seinen Fokus auf marktwirtschaftlichen Erfolg und ist somit weniger an der „wahren" Entdeckung interessiert. Der Planungshorizont beträgt in der Realität oft nicht mehr als ein oder zwei Jahre, Entscheidungen werden hierarchisch Top-down getroffen.[6]

---

[1] Szyperksi, Norbert; Klandt, Heinz 1981, S. 122.
[2] Vgl. Szyperksi, Norbert; Klandt, Heinz 1981, S. 122 f.
[3] Wilem Jr., Frank J. 1991, S. 190.
[4] Samsom, Karel J.; Gurdon, Michael A. 1993, S. 65.
[5] Vgl. Samsom, Karel J.; Gurdon, Michael A. 1993, S. 65 f.
[6] Vgl. Samsom, Karel J.; Gurdon, Michael A. 1993, S. 65 f.

Da sowohl Wissenschaftler als auch Unternehmer vielfach ihre Kultur bei-
behalten möchten und vom jeweils anderen eine komplette Anpassung erwarten, findet im Spin-Off-Team eine Polarisierung statt. Diese kann dazu
führen, dass Schlüsselpersonen das Spin-Off verlassen. Samsom/Gurdon
führen dies auf fehlende gemeinsame Ziele zurück: „These problems were
usually rooted in a lack of attention to the development of a common mis-
sion and a set of objectives."[1]

Scheer, Gründer der IDS Scheer AG als Spin-Off der Universität des Saar-
landes, fordert eine Änderung des Wertesystems in der Wissenschaft. Er
sieht eine solche Änderung als den wichtigsten, aber auch schwierigsten
Punkt an: „Nicht mehr derjenige Forscher, der die meisten Fußnoten produ-
ziert, der in hoch spezialisierten und wenig gelesenen Zeitschriften Insider-
wissen publiziert, ist allein der ideale Forscher, sondern auch derjenige, der
seine Ideen bis zur marktreifen Umsetzung verfolgt."[2]

Eine Spin-Off-Gründung ist mit einem Rollenwechsel für den Wissenschaftler verbunden. Hackl sieht hierin einen entscheidenden Erfolgsfaktor: „Ganz
entscheidend ist die Mentalität. Dem Wissenschaftler muss klar sein, dass er
vom Wissenschaftler zum Unternehmer wechselt."[3]

Die Intensität des Rollenwechsels hängt von der Gründungskonstellation ab.
So ist der Rollenwechsel am grundlegendsten, wenn der Wissenschaftler
alleine oder mit Partnern mit ähnlichem Hintergrund das Spin-Off aufbaut.
Gründet er im Team mit Unternehmern, so fällt der Rollenwechsel weniger
stark aus. In den USA ist es üblich, dass der Wissenschaftler mit seinen Forschungsergebnissen in eine Neugründung wechselt, die von einem Managementteam aufgebaut wird; hier ist der Rollenwechsel am geringsten ausgeprägt.[4]

---

[1] Samsom, Karel J.; Gurdon, Michael A. 1993, S. 66.
[2] Scheer, August-Wilhelm 2006, S. 70.
[3] Hackl, Christian 2008.
[4] Vgl. Breuer, Barbara 2006, S. 81 ff.

Nach Chandler/Jansen muss ein Gründer folgende drei Rollen erfüllen, um ein erfolgreiches Unternehmen aufzubauen:[1] Er muss Unternehmer sein und somit Geschäftschancen erkennen sowie die Energie und den Willen zum Geschäftsaufbau mitbringen. Als Manager muss er als Koordinator und Leiter fungieren. Zudem muss er die Werkzeuge und Techniken für sein spezielles Geschäftsfeld beherrschen, d. h. eine technische Rolle einnehmen.

Der Transfer von wissenschaftlichen Forschungsergebnissen in erfolgreiche Produkte kann durch Barrieren im Wissenschaftsbereich behindert werden. So orientieren sich Wissenschaftler eng an ihrem Fachgebiet und den Möglichkeiten staatlicher Förderung und weniger an Anwendungsfeldern oder Marktbedürfnissen.[2] In der Wissenschaft ist es von hoher Bedeutung, der herausragende Spezialist für ein Fachgebiet zu sein und in diesem Gebiet möglichst viele Fördermittel einzuwerben, da vielfach nur auf diese Weise der eigene Arbeitsplatz gesichert und das Forschungsgebiet vorangebracht werden können. Die Qualifikation vieler Wissenschaftler bewegt sich somit im technischen Bereich und im Schreiben von Förderanträgen.

Ein Unternehmer benötigt jedoch andere Qualifikationen. Er muss Kenntnisse in Unternehmensaufbau und -führung haben, sich mit Finanzierung und betriebswirtschaftlicher Planrechnung auskennen und das Marketing beherrschen. Um am Markt Erfolg zu haben, muss er für sein Produkt bzw. seine Forschungsleistung marktfähige Anwendungen identifizieren, Käufer ermitteln und das gesamte Marketinginstrumentarium anwenden.[3]

Kirschbaum formuliert die Unterschiede zwischen Hightech-Gründern und erfolgreichen Unternehmern folgendermaßen:[4]

- Hightech-Gründer sind oft in Managementfragen unerfahrene Vollbluttechniker. Sie sind vom technologischen Erfolg ihrer Idee überzeugt und möchten diese selbst realisieren.

- Erfolgreiche Unternehmer sind meist erfahrene Manager mit wirtschaftlicher und technischer Orientierung. Sie sind vom wirtschaftli-

---

[1] Vgl. Chandler, Gaylen N.; Jansen, Erik 1992, S. 225 f.
[2] Vgl. Kroy, Walter 1995, S. 69.
[3] Vgl. Hackl, Christian 2008; vgl. auch Arndt, Werner 2008.
[4] Vgl. Kirschbaum, Günter 1990, S. 81 f.

chen Erfolg der Idee überzeugt und leiten Dritte zur Realisierung ihrer Ideen an.

Tabelle 4 stellt die Qualifikationen und Motive der Wissenschaftler den wichtigsten Anforderungen an Unternehmer gegenüber. Grundlage sind die Literaturanalyse, die Interviews sowie ergänzende eigene Überlegungen. Eine solche Gegenüberstellung kann nur pauschalisierend und generalisierend sein – der einzelne Wissenschaftler bzw. Unternehmer kann stark davon abweichen.

Fehlende Qualifikationen können durch Teambildung zumindest teilweise ausgeglichen werden. Die Einstellungen werden jedoch in vielen Fällen konträr bleiben, wenn die Spin-Off-Gründer sich nicht um gemeinsame Werte und Ziele bemühen.

| Qualifikation und Motivation von Wissenschaftlern | Unternehmerische Herausforderung |
|---|---|
| Hoher Ausbildungsstand: Studium, teilweise Promotion und Habilitation | Benötigt werden in der Regel eine Fachausbildung oder ein Studium. Wissenschaftler weisen teilweise einen zu hohen Ausbildungsstand auf und sind zu stark spezialisiert. |
| Sehr spezifische Branchenerfahrung durch Tätigkeit in der Mutterorganisation | Branchenerfahrung ist sinnvoll und notwendig, sie sollte jedoch nicht zu speziell sein. |
| Tiefes technisches Fachwissen v. a. in Forschung und Entwicklung | Wichtig sind ein gewisses technisches Fachwissen sowie ein guter Überblick über technische Möglichkeiten und Trends. Zudem sollten Kenntnisse in der Produktentwicklung und der Produktion vorhanden sein. |
| Teilweise Kenntnisse im Projektmanagement und der Personalführung sowie im Schreiben von Förderanträgen | Erforderlich sind Kenntnisse in der Unternehmensführung, u. a. in der Personalführung, in der strategischen Planung, in Betriebswirtschaft, Marketing und Finanzierung. Zudem sind Kenntnisse in der Unternehmensgründung wichtig. |
| Geringe oder keine Marktkenntnisse, geringe Kundenorientierung | Fehlende Marktkenntnisse und eine geringe Kundenorientierung sind zwei der größten Schwächen von Wissenschaftlern. Märkte, Zielgruppen und deren Bedürfnisse müssen genau gekannt werden. |
| Teamorientierte Arbeitsweise | Entscheidungen müssen vielfach Top-down getroffen werden. Bei Wissenschaftlern kann zu wenig Führungsstärke und Entscheidungskraft vorhanden sein. |

| | |
|---|---|
| Ziel ist die bahnbrechende Entdeckung; das Erkenntnisinteresse herrscht vor. | Ziel ist der nachhaltige Gewinn; die Ausrichtung erfolgt somit am Nutzen. Hier können Zielkonflikte auftreten. |
| Leistungsmotiv: Leistungsnachweis ist die Veröffentlichung. | Das Leistungsmotiv ist bei Unternehmern und Wissenschaftlern vorhanden, jedoch auf andere Ziele ausgerichtet. Leistungsnachweis des Unternehmers ist der Gewinn. |
| Motiv der Selbstverwirklichung: Umsetzung der eigenen Ideen | Das Motiv der Selbstverwirklichung ist bei Unternehmern und Wissenschaftlern vorhanden. Es geht bei beiden um die Umsetzung der eigenen Ideen, jedoch in verschiedenen Bereichen. |

**Tabelle 4: Qualifikationen und Motive von Wissenschaftlern im Vergleich mit den Anforderungen an Unternehmer (eigene Darstellung)**

## 4.3. Das Transferobjekt

Dieses Kapitel behandelt das Transferobjekt als wichtige Ressource einer Spin-Off-Gründung. Dieses kann in Form eines wissenschaftlichen Forschungsergebnisses, eines Patents, eines Prototypen oder eines vermarktungsfähigen Technologieprodukts vorliegen. Das Transferobjekt ist somit das Forschungsergebnis in seinem jeweiligen Entwicklungsstand, das den Spin-Off-Gründern von der Mutterorganisation überlassen wird. Relevant für den Erfolg eines Spin-Offs sind zudem die Arbeitsteilung mit der Mutterorganisation bei der Gründung sowie die Patente. Abschließend wird in einer Gegenüberstellung das Transferobjekt mit einem vermarktungsfähigen Produkte verglichen und es werden Diskrepanzen herausgearbeitet.

### 4.3.1. Art und Marktreife des Transferobjekts

Hightech-Spin-Offs sind in der Regel technologieorientiert: „Most USOs are brought to the market under a regime of technology-push."[1] Sie werden vorwiegend aufgrund einer herausragenden technologischen Idee, eines Produkts oder Verfahrens gegründet und folgen dem Konzept des Technology Push.[2] Dieses ist entgegengesetzt zum Konzept des Market Pull und somit zum Konzept der marktorientierten Unternehmensführung. Marktorientierte Unternehmensführung heißt, das ganze Unternehmen an den Kundenwünschen auszurichten und diese besser zu erfüllen als die Konkurrenz.[3]

---

[1] Van de Velde, Els et al. 2008, S. 21; USO = University Spin Off.
[2] Vgl. Pérez Pérez, Manuela; Sánchez Martínez, Angel 2003, S. 824; vgl. auch Riesenhuber, Felix 2008, S. 34 ff.
[3] Vgl. Reckenfelderbäumer, Martin 2006, S. 19.

Die Technologien befinden sich vielfach noch in einem sehr frühen Entwicklungsstadium. Die Mutterorganisationen überlassen den Spin-Off-Gründern in vielen Fällen nur Forschungs- und Entwicklungsergebnisse zur Vermarktung; Funktionsmuster oder Prototypen sind oft nicht vorhanden.[1] Dieses frühe Entwicklungsstadium kann zu erheblichen Anfangsschwierigkeiten führen: "The greater the degree of novelty of technology applied by an NTBF, the greater is the friction hindering its growth."[2]

Auch wenn die Technologien, mit denen gegründet wird, überwiegend innovativ und erstklassig sind, ist das dahinter stehende reale Marktpotenzial oft gering oder wurde nur unzureichend analysiert.[3] Bisher wenig bedacht ist zudem die Tatsache, dass Spin-Off-Gründer wissenschaftliche Industriekontakte oftmals mit kaufkräftiger Nachfrage verwechseln und so fälschlicherweise erwarten, dass die Industrieunternehmen sofort Aufträge vergeben.[4]

Um geeignete Anwendungen für ihre Technologien zu finden, müssen Spin-Off-Gründer viel Zeit und Anstrengung investieren. Sie lernen durch „Trail-and-Error", dass das Technology-Push-Konzept ein schwieriger Weg ist und werden im Laufe der Zeit immer marktorientierter. Dadurch werden die Produkte immer weniger kompliziert und ausgeklügelt. Das Ganze ist ein iterativer Prozess, der viele Kundenrückmeldungen und kontinuierliche Entwicklungsarbeit erfordert.[5]

Auch das Scale-up kann außerordentlich schwierig sein: Wenn ein Prototyp vorhanden ist, so heißt das noch nicht, dass die Produktion auch im industriellen Maßstab funktioniert. Dies hat Sporer bei seiner Spin-Off-Gründung selbst erfahren: „Der Weg von einem Prototypen zum Produkt ist steinig und weit."[6] Hier müssen die Technologien oftmals in entscheidenden Punk-

---

[1] Vgl. Hemer, Joachim et al. 2006, S. 161.
[2] Autio, Erkko; Lumme, Annareetta 1998, S. 51; NTBF = New, Technology-Based Firms.
[3] Vgl. Hemer, Joachim et al. 2006, S. 134; vgl. auch Hackl, Christian 2008.
[4] Vgl. Hemer, Joachim et al. 2006, S. 135 f.
[5] Vgl. Shane, Scott 2004, S. 204 ff.
[6] Sporer, Norbert 2008.

ten angepasst und die Produkte mit einem anwenderfreundlichen Design versehen werden.[1]

Viele Geschäftsideen von Spin-Offs basieren auf disruptiven Technologien. Hier existiert in vielen Fällen noch gar kein Markt: „… managers must *create* information about such markets – who the customers will be, which dimensions of product performance will matter most to which customers, what the right price points will be."[2] Dies lässt sich nur durch Experimentieren mit den Produkten und Märkten herausfinden.

Diese Marktunsicherheiten führen dazu, dass viele Spin-Off-Gründer die Phasen bis zum Markteintritt und zum Erreichen der Gewinnschwelle zu kurz einschätzen.[3] Zudem ändern sie oftmals innerhalb kurzer Zeit ihr Geschäftsmodell, suchen sich andere Kunden oder entwickeln neue Produkte aus der Technologie.[4] Die Produktentwicklungsphase bis zum Markteintritt kann zwei bis drei Jahre dauern, die Wachstumsphase wird in der Regel innerhalb der ersten fünf Jahre erreicht.[5] Die meisten Hightech-Spin-Offs weisen auch noch Jahre nach der Gründung einen negativen Cash-Flow auf und verwenden den größten Teil ihres Kapitals für Technologie- und Plattformentwicklungen, nicht für Geschäftsentwicklung oder Marketing.[6]

Neue innovative Technologien können nicht wie Konsumgüter verkauft werden. Vom ersten Kundenkontakt bis zum Zahlungseingang kann es oft bis zu eineinhalb Jahre dauern. Häufig sind die benötigten Eigenschaften des Produkts unklar, und die Kunden müssen erst von der Technologie überzeugt werden.[7] Hier kommt auch zum Tragen, dass viele deutsche Wissenschaftler weiterhin daran glauben, dass ein gutes Produkt seinen Markt selbst findet. Zudem neigen deutsche Ingenieure zum „Over-Engineering".[8]

---

[1] Vgl. Shane, Scott 2004, S. 196 ff.
[2] Bower, Joseph L.; Christensen, Clayton M. 1995, S. 50.
[3] Vgl. BMBF 2005, S. 23.
[4] Vgl. Roberts, Edward B. 1991, S. 342; vgl. auch Wright, Mike et al. 2007, S. 116.
[5] Vgl. Kulicke, Marianne et al. 1993, S. 147 ff.
[6] Vgl. Heirman, Ans; Clarysse, Bart 2004, S. 247 ff.
[7] Vgl. Doppelberger, Thomas; Schwind, Tobias 2007, S. 238.
[8] Vgl. Hemer, Joachim et al. 2007, S. 97; vgl. auch Hackl, Christian 2008.

Wie Abbildung 7 zeigt, weist das Transferobjekt, je nach Mutterorganisation, einen sehr unterschiedlichen Grad der Marktreife auf:

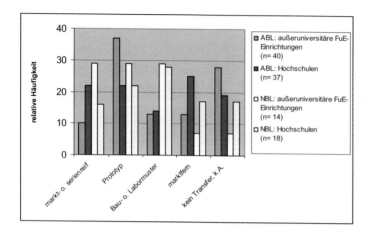

**Abbildung 7: Marktreife (Entwicklungsstadium) des Transferobjekts (Hemer et al.[1]).**

So zeigt sich, dass die Mutterorganisationen den Spin-Off-Gründern auch markt- oder serienreife Produkt- und Verfahrensentwicklungen überlassen. Bei den Hochschulen in den alten Bundesländern sind rund 22 % der Transferobjekte serienreif. Allerdings sind 25 % der Transferobjekte aus dieser Gruppe als marktfern einzustufen.

Bei einer Untersuchung von Spin-Offs aus bayerischen Universitäten stellte Knecht fest, dass rund 90 % der Produkte der Spin-Offs auf einer innovativen Technologie basieren und rund 45 % als disruptive Technologien eingeschätzt werden.[2] Aufgrund des disruptiven Charakters und des frühen Entwicklungsstadiums weisen die Technologien von Spin-Offs einen geringeren Bezug zu etabliertem technologischen Wissen und ein breiteres industrielles Anwendungsspektrum auf als die Technologien von bestehenden Unternehmen.[3] Die Kerntechnologie eines Spin-Offs eignet sich somit oftmals für viele unterschiedliche Produkte. Diese Produktalternativen können jedoch erst bewertet werden, wenn sie erfolgreich weiterentwickelt und in den Markt eingeführt wurden. Der Erfolg des Produktentwicklungsprozes-

---

[1] Vgl. Hemer, Joachim et al. 2007, S. 98. Die Auswertung erfolgt getrennt nach den alten (ABL) und neuen (NBL) Bundesländern; eine gemeinsame Auswertung ist nicht vorhanden.
[2] Vgl. Knecht, Thomas C. 2003, S. 379.
[3] Vgl. Colyvas, Jeannette et al. 2002, S. 61 ff; vgl. auch Riesenhuber, Felix et al. 2006, S. 118.

ses lässt sich vielfach kaum vorab planen.[1] Dies führt zu einer hohen technischen Unsicherheit bei der Gründung eines Spin-Offs.

Riesenhuber et al. haben in einer Studie mit akademischen Spin-Offs herausgefunden, dass der Erfolg umso geringer ist, je höher die mit der Kerntechnologie verbundene technische Unsicherheit bei der Gründung ist.[2] Die technische Unsicherheit wird hierbei definiert als Informationsmangel hinsichtlich der Produktreife der Kerntechnologie und der Planbarkeit der Produktentwicklung auf Basis der Kerntechnologie.

Allerdings sind disruptive Technologien trotzt ihrer höheren Unsicherheit in vielen Fällen die Erfolgsgrundlage eines Spin-Off. So ermittelten Nerkar/Shane durch die Analyse von MIT-Spin-Offs, dass deren Überlebensrate durch disruptive Technologien, viele Patente und einen breiten Schutzbereich der Patente erhöht wird.[3] Technologien mit einem breiten Anwendungsbereich tragen ebenfalls zum Erfolg von Spin-Offs bei: „A broader scope of technology heighten the chances that one of the technologies will be suited to be transformed more quickly into a product that addresses customer needs.“[4]

Die Entwicklungszeiten des Transferobjekts bis hin zu einem marktfähigen Produkt variieren von Branche zu Branche. So betragen bei Spin-Offs aus der „Roten Biotechnologie“, d. h. der Entwicklung von Arzneimitteln, die Entwicklungszeiten 8 bis 12 Jahre. Hierfür werden Kosten von rund 800 Mio. US-Dollar veranschlagt.[5] Während der Zeit der Arzneimittelentwicklung wird nur investiert; hier spricht man auch von der sog. „Burn Rate“. Umsätze können lediglich durch begleitende Dienstleistungen erzielt werden.

Doch auch in Branchen, in denen man von einem einfachen Transfer ausgeht, ist der Aufwand nicht zu unterschätzen: So müssen die Gründer von Software-Spin-Offs den Softwarecode in vielen Fällen komplett neu schrei-

---

[1] Vgl. Riesenhuber, Felix et al. 2006, S. 120.
[2] Vgl. Riesenhuber, Felix et al. 2006, S. 124 ff.
[3] Vgl. Nerkar, Atul; Shane, Scott 2003, S. 1393 ff.
[4] Van de Velde, Els et al. 2008, S. 27 f.
[5] Vgl. VFA 2008.

ben, um die gültigen Anforderungen an die Qualitätssicherung und Verständlichkeit zu gewährleisten.[1]

Von Bedeutung für die Kommerzialisierbarkeit ist auch, in welcher Form das Wissen über das Transferobjekt vorliegt. Kodifiziertes Wissen kann leicht auf andere Personen übertragen und von diesen genutzt werden; es findet sich in Publikationen und Patenten. Tazites Wissen hingegen ist stark mit der Person verbunden, die dieses Wissen erworben hat und kann deswegen nur schwerlich auf andere Personen übertragen werden. Hierbei handelt es sich um Technologie-, Branchen- und unternehmerisches Wissen.[2]

Vielfach ist das Wissen über das Transferobjekt nur in taziter Form vorhanden, eine Offenlegung durch Patente ist (noch) nicht erfolgt. In solchen Fällen ist der Transfer des Wissenschaftlers in das Spin-Off unabdingbar.[3] Zucker et al. sehen die Weitergabe des Wissens durch gemeinsame Laborarbeit von "Star Scientists" und Mitarbeitern des Spin-Offs als wichtigen Erfolgsfaktor: „... firm success was not the result of a general knowledge ´spillover´ from universities to firms but due to star scientists taking charge of their discoveries."[4]

Zusammenfassend weisen Technologien, die sich für die Vermarktung durch Spin-Offs eignen, nach Shane folgende Merkmale auf:[5]

- disruptive Technologien
- Vorherrschen taziten Wissens
- sehr frühe Phase der Technologieentwicklung
- Technologien mit einem breiten Anwendungsbereich
- bedeutender Kundennutzen
- starker technischer Fortschritt
- starker Patentschutz

---

[1] Vgl. Shane, Scott 2004, S. 193.
[2] Vgl. Pirnay, Fabrice et al. 2003, S. 359; vgl. auch Hindle, Kevin; Yencken, John 2004, S. 800.
[3] Vgl. Egeln, Jürgen et al. 2003, S. 174 f.
[4] Zucker, Lynne G. et al. 2002, S. 152. „Star Scientists" sind Wissenschaftler, die in der Biotechnologie tätig sind. Sie wurden weltweit anhand von Publikationen zur Gensequenzierung (bis zum Jahr 1990, da es danach Gensequenzierungsmaschinen gab) identifiziert.
[5] Vgl. Shane, Scott 2004, S. 103 ff.

### 4.3.2. Arbeitsteilung mit der Mutterorganisation

Die Beziehungen von Mutterorganisation und Spin-Off können unterschiedliche Intensitäten aufweisen: „Die Rolle des Inkubators im Gründungsprozess kann zwischen stärkerer ideeller und materieller Unterstützung und einer sehr passiven, ggfs. sogar abgeneigten Haltung zum Gründungsvorhaben stark streuen."[1] So stellen Samson/Gurdon fest: „… in the majority of our cases the scientist comes to feel as if he is being treated as the enemy within".[2]

Die Spin-Off-Aktivitäten variieren von einer Universität zur anderen signifikant.[3] Eine Universität kann die Spin-Off-Quote erhöhen, indem sie beispielsweise eine für Spin-Offs günstige Patentpolitik etabliert. Zudem werden mehr Spin-Offs gegründet, wenn die Universität einen exzellenten Ruf besitzt, da die Gründer aufgrund höherer Glaubwürdigkeit vermehrt Venture Capital akquirieren und Kooperationen schließen können.[4] "The presence of star scientists and engineers affect university spin-off activity as they have leading knowledge with critical expertise and ability to create radical innovations … conductive for commercial exploitation."[5]

Knecht stellte fest, dass 61 % der Spin-Offs aus bayerischen Universitäten eine Geschäftsbeziehung mit der Mutterorganisation haben. Diese Kooperationen sind vorwiegend langfristiger Natur und beziehen sich vor allem auf die Forschung und Entwicklung des Technologieprodukts.[6]

Forschungsorganisationen stehen Spin-Offs meist positiv gegenüber:[7] 57 % der Unternehmer berichteten von einer positiven Haltung, 25 % von einer negativen Haltung der Forschungseinrichtung. 44 % hatten eine aktive Unterstützung erfahren, beispielsweise in Form einer Erlaubnis zur Nutzung der Infrastruktur oder einer zeitlich befristeten Rückkehrmöglichkeit. Diese Ergebnisse stammen aus dem Jahr 1985.[8]

---

[1] Freiling, Jörg 2006, S. 34.
[2] Samson, Karel J.; Gurdon, Michael A. 1993, S. 67 f.
[3] Vgl. Dante, Di Gregorio; Shane, Scott 2003, S. 209 f.
[4] Vgl. Dante, Di Gregorio; Shane, Scott 2003, S. 224 ff.
[5] O´Shea, Rory P. et al. 2005, S. 1006.
[6] Vgl. Knecht, Thomas C. 2003, S. 313 f.
[7] Vgl. Berndts, Peter; Harmsen, Dirk-Michael 1985, S. 45 ff.
[8] Vgl. Berndts, Peter; Harmsen, Dirk-Michael 1985, S. 68 f.

Heute spielt das Vorhandensein von Unterstützungsleistungen bei jeder Art von Mutterorganisation eine immer wichtigere Rolle. Die Leistungen reichen von Kooperationsverträgen über gemeinsame Forschungs- und Entwicklungsprojekte bis hin zur Nutzung von Geräten und Räumlichkeiten.[1]

Einen ganz entscheidenden Einfluss übt der jeweilige Lehrstuhlinhaber bzw. Transferbeauftragte aus: Zusammen mit den Unterstützungsleistungen ist „... das persönliche ´commitment´ und Engagement dieser Vorgesetzten .. der entscheidende Schlüssel für die Motivation und Zusammensetzung des Gründerteams und letztlich für das Zustandekommen einer tragfähigen und chancenreichen Gründung."[2] Lindhofer, Gründer von Trion Pharma, einem Spin-Off aus dem GSF Forschungszentrum für Gesundheit und Umwelt, ließ sich vom Leiter der Patentabteilung überzeugen: „Ich hatte ursprünglich nicht vor, Unternehmer zu werden."[3]

Ein naher Kontakt zur Mutterorganisation kann für ein Spin-Off auch hilfreich sein, wenn es darum geht, ein zweites Produkt zu entwickeln: „The generation of a second product to supplant the first is often beyond the power of a spin-off company."[4]

In Deutschland ist über ein Fünftel aller Spin-Offs über einen der Gründer weiterhin mit dem Mutterinstitut verbunden; meist ist der Gründer zugleich noch als Wissenschaftler tätig.[5] Neben dem Vorteil der Entwicklung eines Folgeprodukts profitieren die Gründer von geringeren Kosten durch Nutzung der Geräte der Mutterorganisation und der Möglichkeit einer Ausstiegsoption bei Scheitern des Spin-Offs. Sind die Gründer ausschließlich für das Spin-Off tätig, so halten sie weiterhin starken Kontakt zur Wissenschaft; bei Hightech-Spin-Offs trifft dies auf 70 % der Fälle zu.[6] Hierbei

---

[1] Vgl. Hemer, Joachim et al. 2007, S. 85 f.
[2] Hemer, Joachim et al. 2007, S. 87; vgl. auch Wright, Mike et al. 2007, S. 183.
[3] Lindhofer, Horst 2008.
[4] McQueen, Douglas H; Wallmark, Torkel J. 1991, S. 106.
[5] Vgl. Egeln, Jürgen et al. 2003, S. 116 f. Hemer et al. 2007 bestätigen diesen Befund mit einer Weiterbeschäftigungsquote der Wissenschaftler am Mutterinstitut von 25-28 %, S. 103 f.
[6] Vgl. Egeln, Jürgen et al. 2003, S. 119.

läuft die Kontaktpflege meist über regelmäßige informelle Kontakte, Praktika und Diplomarbeiten sowie gemeinsame Forschungsprojekte.[1]

Das Unterstützungsverhalten der Mutterorganisation unterscheidet sich danach, ob es sich um eine Hochschule oder eine Forschungsorganisation handelt. So unterstützen Forschungsorganisationen Spin-Off-Gründer vorwiegend auf den eigenen Forschungsfeldern. Oft erfolgen die Weiterentwicklung der Technologie sowie die Marktvorbereitung noch in der Forschungsorganisation.[2]

Universitäten hingegen arbeiten ihrem Auftrag entsprechend in einem breiten Feld von Disziplinen und Technologiefeldern und können somit in den meisten Fällen keine spezifische Unterstützung hinsichtlich Technologieentwicklung und Marktvorbereitung bieten. Ihre Möglichkeiten liegen vielmehr in der Vermittlung von sozialen Schlüsselkompetenzen sowie fachlichen Qualifikationen.[3]

Allerdings werden die Unterstützungsleistungen der Mutterorganisation vielfach in geringem Maße genutzt. So nehmen die Möglichkeit zur fachlichen Begutachtung der Gründungsidee oder des Businessmodells nur 27 % der Spin-Offs aus Hochschulen und 20 % der Spin-Offs aus Forschungsorganisationen in Anspruch. Während die Spin-Offs aus Forschungsorganisationen mit der Qualität des Angebots durchaus zufrieden sind, beklagen sich die Gründer aus Hochschulen vielfach über mangelnde Fachkompetenz und Tiefe der Beratung.[4] Dies lässt sich dadurch erklären, dass die Forschungsorganisationen schon seit längerer Zeit über personell und finanziell gut ausgestatte Technologietransferstellen verfügen und zudem ihre Leistungen zu selektiven Technologiefeldern anbieten.

Die Spin-Off-Gründer selbst bewerten folgende Unterstützungsangebote als besonders wertvoll: Bereitstellung von Räumlichkeiten und Zugang zu Geräten, Anregungen und Unterstützung von Professoren und aus dem Kolle-

---

[1] Vgl. Egeln, Jürgen et al. 2003, S. 122 ff.
[2] Vgl. Hemer, Joachim et al. 2006, S. 153 f.
[3] Vgl. Hemer, Joachim et al. 2006, S. 153 ff.
[4] Vgl. Hemer, Joachim et al. 2007, S. 89.

genkreis sowie individuelle Beratung zu betriebswirtschaftlichen und recht-
lichen Fragen.[1] Von hoher Bedeutung ist fachliche Unterstützung und die
Gewissheit des Gründers, jederzeit auf diese zurückgreifen zu können.[2]

### 4.3.3. Patente und Schutzrechte

In technologieintensiven Industrien sind Patente ein bedeutender Erfolgsfaktor. Sie können als ein Maß für den Output der Wissensproduktion betrachtet werden.[3] Diese Intellectual Property Rights (IPR) sind neben der Gründerpersönlichkeit oft das einzige Asset eines Spin-Offs.[4, 5] Besonders wichtig sind solche Schutzrechte, wenn es sich bei dem Transferobjekt um Forschungsergebnisse anstatt fertiger Produkte handelt und somit eine „ge-
schützte Phase" für die Weiterentwicklung notwendig ist: „... that intellectual property rights are likely to be most important for embryonic inventions".[6]

Patente werden nur gewährt, wenn eine Invention gemäß Patentgesetz pa-
tentfähig ist. Dies ist der Fall, wenn der in den Patentansprüchen beschrie-
bene Gegenstand neu ist, auf einer erfinderischen Tätigkeit beruht und ge-
werblich anwendbar ist. Von der Patentierung ausgeschlossen sind z.B. Entdeckungen, wissenschaftliche Theorien, mathematische Methoden und äs-
thetische Formschöpfungen.[7]

Früher konnten Professoren in Deutschland ihre Erfindungen selbst vermarkten. Im Jahr 2002 wurde das sog. „Hochschullehrerprivileg" abge-
schafft. Erfindungen von Hochschulangehörigen, die ihm Rahmen deren
Dienstaufgabe gemacht werden, gehören nach dem Gesetz für Arbeitnehmererfindungen (ArbNErfG) der Hochschule.[8] Ziel ist es, die Anzahl an
Patentanmeldungen und die Verwertungsquote der Forschungsergebnisse zu
erhöhen, da nun die Hochschule die Kosten und das Risiko trägt.

---

[1] Vgl. Egeln, Jürgen et al. 2003, S. 111 ff.
[2] Vgl. Müller, Kathrin 2008, S. 20.
[3] Vgl. Zucker, Lynne G. et al. 2002, S. 146.
[4] Vgl. LEO 2008; die Übersetzung für „Intellectual Property Rights" lautet „gewerbliche
Schutz- und Urheberrechte".
[5] Vgl. Hemer, Joachim et al. 2006, S. 156.
[6] Colyvas, Jeannette et al. 2002, S. 67.
[7] Vgl. Patentgesetz 2008, § 1.
[8] Vgl. ArbNErfG 2002, § 42.

Ob dies bisher erreicht wurde, ist umstritten: Nachteilig wirkt sich nach Meinung vieler Professoren aus, dass sie nicht mehr Eigentümer ihrer Erfindung sind, sondern nur noch 30 % der Einnahmen erhalten. Viele Forschungsergebnisse werden von den Mutterorganisationen jedoch gar nicht patentiert, sondern den Spin-Off-Gründern unentgeltlich überlassen. So ergab eine Befragung von Spin-Off-Gründern, die im Rahmen von EXIST-Seed gefördert werden, dass 50,9 % der Hochschulen diesen Weg wählen.[1]

Im Hinblick auf Patente stehen Spin-Off-Gründern folgende Möglichkeiten offen: Sie können Patente von der Mutterorganisation kaufen, im Rahmen einer Lizenz verwerten oder durch eine Beteiligung der Mutterorganisation am eigenen Unternehmen integrieren.[2] Nachfolgend werden die einzelnen Möglichkeiten kurz charakterisiert:

Beim Kauf muss der Spin-Off-Gründer beachten, dass er für die Entwicklung eines marktfähigen Produkts und den Aufbau eines Vertriebsnetzes viel Geld benötigt – und sich somit in den meisten Fällen durch hohe Patentkosten nicht zusätzlich belasten kann. Andererseits kann er als Eigentümer des Patents frei über dieses verfügen. Externe Investoren fordern meist die Übereignung der Patente an das Spin-Off.[3]

Durch den Abschluss eines Lizenzvertrags beteiligt sich die Mutterorganisation am unternehmerischen Risiko. Der Gründer muss der Mutterorganisation die Lizenzgebühr bezahlen, die jedoch in der Summe weit niedriger liegt als der Kaufpreis. Wichtig für den Gründer ist eine exklusive Lizenz, die ihm die ausschließliche Verwertung erlaubt. Beteiligt sich die Mutterorganisation am Spin-Off, so ist das Risiko zwischen Spin-Off und Mutterorganisation aufgeteilt. Hier können sich für den Gründer über das Patent hinaus weitere Geschäftsmöglichkeiten mit der Mutterorganisation ergeben.

Ungeklärte Patentfragen mit der Mutterorganisation führen in der Praxis zu vielen Streitigkeiten und hohen Unsicherheiten. Hier liegt eine der größten

---

[1] Vgl. Kulicke, Marianne; Schleinkofer, Michael 2008, S. 9.
[2] Vgl. Kohler, Michael 2005, S. 106 ff.
[3] Vgl. Shane, Scott 2004, S. 143.

Konfliktquellen.[1] Während die Gründer eine komplette Übertragung der Patente oder zumindest exklusive Lizenzen fordern, verfolgen die Mutterorganisationen vielfach noch andere Interessen und möchten nur einfache Lizenzen vergeben.[2]

Welche Patente eignen sich für eine Spin-Off-Gründung? Aus einer Studie mit MIT-Patenten folgert Shane, dass „... inventions with a broader scope of patent protection were more likely to be commercialized through the creation of new firms."[3] Solche Patente mit einem breiten Schutzbereich erlauben einerseits die Entwicklung unterschiedlicher Produkte und Geschäftsmöglichkeiten und bieten andererseits die Chance, verschiedene Anwendungsmöglichkeiten einer Technologie zeitlich nacheinander zu entwickeln.[4]

Shane/Stuart stellten einen positiven Zusammenhang zwischen Patenten und Erfolg fest: Sie wiesen für MIT Spin-Offs nach, dass die Anzahl der Patente, die ein Unternehmen zum Zeitpunkt der Gründung hält, und deren Exklusivität die Überlebenswahrscheinlichkeit erhöhen.[5]

Die hohe Bedeutung der Patentfrage belegt auch eine ZEW-Studie: So nutzen 24 % der Spin-Off-Gründer eigene Patente. Bei den Hightech-Gründungen sind es 11 %.[6]

### 4.3.4. Der Weg vom Transferobjekt zum vermarktungsfähigen Produkt

In diesem Kapitel werden die Herausforderungen zusammengestellt, um aus einem in der Praxis „üblichen" Transferobjekt ein vermarktungsfähiges Produkt zu generieren. Diese vergleichende Darstellung in Tabelle 5 beruht auf der Literaturanalyse, den Interviews sowie ergänzenden eigenen Überlegungen. Die Aussagen sind pauschalisierend; je nach Situation können auch ganz andere Gesichtspunkte eine Rolle spielen.

---

[1] Vgl. Steffensen, Morten et al. 1999, S. 108; vgl. auch Liecke, Michael; Heidenreich, Anna Maria 2008.
[2] Vgl. Hemer, Joachim et al. 2007, S. 97.
[3] Shane, Scott 2001, S. 216.
[4] Vgl. Shane, Scott 2001, S. 262 ff.
[5] Vgl. Shane, Scott; Stuart, Toby 2002, S. 163.
[6] Vgl. Gottschalk, Sandra et al. 2007, S. 31.

| Eigenschaften des Transferobjekts | Herausforderungen zur Generierung eines vermarktungsfähigen Produkts |
|---|---|
| Frühes Entwicklungsstadium, oftmals nur Forschungsergebnis | Lange Produktentwicklungszeiten müssen (finanziell) durchgehalten werden. |
| Unsicherheit hinsichtlich Grad der Marktreife | Grad der Marktreife muss vor der Ausgründung ermittelt werden, um den Entwicklungsaufwand abzuschätzen. |
| Vielfach disruptive Technologien | Wichtig sind die Kenntnis der Besonderheiten disruptiver Technologien (Vor- und Nachteile) und das frühzeitige Ergreifen von Maßnahmen. |
| Vielfach tazites Wissen | Der Wissenschaftler muss eine Schlüsselposition im Spin-Off haben. Tazites Wissen sollte möglichst rasch in kodifiziertes Wissen umgewandelt werden. |
| Unsicherheit hinsichtlich Funktionsfähigkeit der Technologie | Der Proof of Technology[1] und die Erstellung des Prototypen müssen frühzeitig erfolgen, möglichst schon vor der Gründung. |
| Gefahr des Over-Engineering bei der Produktentwicklung | Die Kundenbedürfnisse müssen frühzeitig ermittelt und ein Marketingverantwortlicher einbezogen werden. |
| Breite und wenig bekannte Anwendungsmöglichkeiten | Die Anwendungsmöglichkeiten müssen frühzeitig identifiziert werden. Auf die geeignetsten Möglichkeiten muss fokussiert werden. |
| Unbekannter Markt und nicht definiertes Marktpotenzial | Märkte, Kunden und deren Bedürfnisse müssen frühzeitig und genau analysiert werden. |
| Unklarheit hinsichtlich der Patentsituation; Patente werden von der Mutterorganisation nicht herausgegeben. | Notwendig ist eine transparente Patentpolitik der Mutterorganisation. Wenn Lizenzen vergeben werden, sollten dies exklusive Lizenzen sein. |
| Geringe Unterstützung durch die Mutterorganisation | Die Mutterorganisationen müssen Spin-Off-Gründer z. B. durch Gerätebereitstellung und Beratung unterstützen. Das Angebot muss transparent und kompetent sein. |

Tabelle 5: Herausforderungen, um aus dem Transferobjekt ein vermarktungsfähiges Produkt zu generieren (eigene Darstellung)

Wie dieses Kapitel gezeigt hat, ist es ein langer Weg vom Transferobjekt zum vermarktungsfähigen Produkt. Wissenschaftler dürfen mit dieser Herausforderung nicht alleine gelassen werden. So sollte schon vor der Ausgründung die Marktreife des Transferobjekts erhöht werden – sowohl hinsichtlich der Produktenwicklung als auch hinsichtlich der Vermarktungsfähigkeit. Doch auch die Wissenschaftler sind gefordert: Sie sollten sich fehlende Qualifikationen aneignen bzw. geeignete Gründerteams bilden.

---

[1] Proof of Technology = Prüfung der technologischen Machbarkeit.

# 5. Erhöhung der Quantität und Qualität von Hightech-Spin-Offs

In diesem Kapitel werden mögliche Ansätze zur Erhöhung der Quantität und Qualität von akademischen Hightech-Spin-Offs vorgestellt. Nelsen bezeichnet Spin-Offs als „minus two stage companies".[1] Verglichen mit Hightech-Gründern beginnt der typische Spin-Off-Gründer weit früher: Er hat noch keine anwendungsreife Technologie, keinen Businessplan, kein Managementteam und benötigt Kapital, um überhaupt ein Unternehmen zu schaffen, das diese Aufgaben übernehmen kann. Deshalb muss der Wissenschaftler bei der Erkennung von unternehmerischen Gelegenheiten und der Kommerzialisierung innovativer Produkte unterstützt werden – sei es durch Entrepreneurship-Center oder Technologietransferstellen der Mutterorganisationen, externe Investoren oder auch externe Unternehmer: „However, although the academic may be highly knowledgeable about his/her field of research, he/she may not be able to recognize its commercial potential."[2]

Die Unterstützung selbst kann in technologiebezogenen Leistungen, marktbezogenen Leistungen, finanzierungsbezogenen Leistungen und „weichen" Leistungen (z. B. Mentoring, Training) resultieren.[3] Viele Unterstützungsmaßnahmen sind bereits bekannt und werden auch angeboten, es mangelt jedoch oft an der stringenten Umsetzung.

Als ein Beispiel der Förderung akademischer Spin-Offs soll hier die deutschlandweite EXIST-Initiative des Bundesministeriums für Wirtschaft und Technologie (BMWi) vorgestellt werden. Ziel von „EXIST – Existenzgründung aus der Wissenschaft" ist es, das Gründungsklima an Hochschulen und Forschungsorganisationen zu verbessern sowie die Zahl der Spin-Offs zu steigern. Seit dem Jahr 1998 wurden 15 Netzwerke gefördert.[4] Der Initiative gehören weitere 13 Partnerregionen an, die in den Erfahrungsaustausch einbezogen sind.[5] Unter diesen befindet sich auch GründerRegio M

---

[1] Shane, Scott 2004, S. 173.
[2] Lockett, Andy et al. 2003, S. 180.
[3] Vgl. Heydebreck, Peter et al. 2000, S. 93 ff.
[4] Vgl. EXIST 2008.
[5] Vgl. BMBF 2005, S. 56 f.

zur Förderung hochschulnaher Unternehmensgründungen in der Region München.[1]

Die EXIST-Netzwerke haben eine breite Palette an Beratungs- und Unterstützungsangebote für Unternehmensgründer aus der Wissenschaft entwickelt und umgesetzt. Diese reichen von Ideen- und Businessplanwettbewerben über Inkubatoren, Seminare und Coaching bis hin zu Foren für die Kontaktaufnahme von potenziellen Gründern.[2] Die EXIST-Initiative wird kontinuierlich weiterentwickelt und steht derzeit auf drei Säulen:[3]

- EXIST III fördert Projekte von Hochschulen und Forschungsorganisationen zum Aufbau eines Unterstützungsangebots für Spin-Offs.
- Das EXIST-Gründerstipendium unterstützt die Vorbereitung von Hightech-Gründungen durch Wissenschaftler, Absolventen und Studierende mittels Stipendium, Geldmitteln und Coaching.
- EXIST-Forschungstransfer fördert den Nachweis der technischen Machbarkeit und die Entwicklung von Prototypen forschungsbasierter Gründungen sowie Vorbereitungen für den Unternehmensstart. Spin-Offs können bis zu drei Jahre lang gefördert werden.

Einen Überblick über weitere, von Hochschulen gestaltbare Rahmenbedingungen in verschiedenen Phasen des Gründungsprozesses liefert Pinkwart.[4] Hammann/Pacher vergleichen die Wege unternehmerischer Ausbildung an Hochschulen und belegen diese mit internationalen Beispielen.[5] Einen Überblick über die in europäischen Ländern durchgeführten politischen Maßnahmen zur Förderung von Spin-Off-Gründern geben Wright et al.[6]

## 5.1. Förderung der Gründerpersönlichkeit

Wie in Punkt 4.2 beschrieben, hat die Gründerpersönlichkeit einen entscheidenden Einfluss auf den Erfolg eines Spin-Offs. Welche Möglichkeiten gibt es, den potenziellen Gründer zu einer Spin-Off-Gründung zu motivieren und

---

[1] Vgl. GründerRegio M 2008.
[2] Vgl. BMBF 2005, S. 57 f.
[3] Vgl. EXIST 2008.
[4] Vgl. Pinkwart, Andreas 2002, S. 191 f.
[5] Vgl. Hammann, Eva-Maria; Pacher, Johann M. 2005, S. 81 ff.
[6] Vgl. Wright, Mike et al. 2007, S. 34 ff.

zu qualifizieren? Kann durch bestimmte organisationale Maßnahmen schon bei der Gründung die Erfolgsquote erhöht werden?

### 5.1.1. Qualifizierung und Coaching

„Successful entrepreneurs are made, not born."[1] Dieser Satz räumt mit dem Mythos der geborenen, charismatischen Unternehmerpersönlichkeit auf und zeigt, dass die Profession "Unternehmer" – zumindest zu einem gewissen Grad – erlernbar ist. So sieht es Shane als unabdingbar an, Gründer über die Erfolgsfaktoren von Unternehmensgründungen zu unterrichten: „We need to make sure that they are not making poor decisions out of ignorance."[2] Das hat man sich auch in Deutschland zu Herzen genommen. Kienbaum stellt fest, dass die „... Thematisierung von Entrepreneurship bzw. Unternehmertum .. inzwischen an nahezu allen Hochschulen in Deutschland erfolgt" ist.[3]

Der erste Schritt zu einer Spin-Off-Gründung ist die Erkenntnis des Wissenschaftlers, dass es sich bei seinem Forschungsergebnis um eine Invention handeln kann, die am Markt verwerten werden kann. Hier ist es wichtig, Wissenschaftler in Seminaren zu sensibilisieren, die beispielsweise durch Entrepreneurship-Center angeboten werden. Die Transferstellen/Patentverwertungsagenturen müssen Erfindungsmeldungen auf ihre Verwertbarkeit hin screenen.[4]

Da jede Spin-Off-Gründung einzigartig ist, sollte eine Beratung branchenspezifisch, prozessbegleitend und individuell sein. Dies müsste machbar sein, da der Großteil der Gründungen von Hightech-Spin-Offs weiterhin in den Bereichen Information und Kommunikation sowie Life-Sciences stattfinden wird.[5] Durch Konzentration der Beratung auf die wichtigsten Technologiefelder könnten somit Spin-Offs wirkungsvoll unterstützt werden.[6] Strathmann sieht im Angebot eines „Etablierungscoaching" eine wichtige Maßnahme, um die Quantität und Qualität von Spin-Offs zu erhöhen. Die-

---

[1] Roberts, Edward B. 1991, S. 345.
[2] Shane, Scott 2008, S. 164.
[3] BMBF 2005, S. 34.
[4] Vgl. Hackl, Christian 2008.
[5] Vgl. BMBF 2005, S. 26. In der Nanotechnologie, der Mikrosystemtechnik und im Bereich neue Werkstoffe werden kaum mehr als zehn Spin-Off-Gründungen pro Jahr in Deutschland erwartet.
[6] Vgl. auch Nathusius, Klaus 2006, S. 155 ff. zur Rolle von Seed-Coaches.

ses umfasst u. a. die Erstellung eines Businessplans, die administrative Unterstützung und Hilfe bei der Gewinnung von Erstkunden.[1]

Diese Aufgaben können nur spezialisierte, gründungserfahrene Berater wahrnehmen. Im EXIST-Gründerstipendium und -Forschungstransfer sind hierfür eigene Mittel vorgesehen. Damit der Spin-Off-Gründer diese Förderung erhält, sind seitens der Mutterorganisation einige Bedingungen einzuhalten. Zudem sollten Spin-Off-Gründer aktiv in ein Gründercoaching einbezogen werden, wie es derzeit die KfW und die bayerischen IHKs für alle Unternehmensgründungen anbieten.[2, 3] Damit wäre der Gründer unabhängiger von der Mutterorganisation.

Ein weiteres wichtiges Tool zur Qualifizierung von Spin-Off-Gründern sind Businessplan-Wettbewerbe. Diese unterstützen in einem frühen Stadium des Gründungsprozesses die Umsetzung einer Geschäftsidee in ein Unternehmenskonzept. Sie tragen dazu bei, die Anzahl an Unternehmensgründungen zu erhöhen und deren Erfolgswahrscheinlichkeit zu steigern.[4, 5]

Zielgruppen von Businessplan-Wettbewerben sind vorwiegend wachstumsträchtige innovative Gründungen und somit auch Hightech-Spin-Offs. Im Münchner Raum hat sich seit über zehn Jahren der Münchener Business Plan Wettbewerb (MBPW) etabliert. Dieser findet in drei Stufen statt, wobei jede Stufe den Einstieg der Gründer erlaubt. Finales Ziel ist ein Businessplan, der Investoren zur Bereitstellung von Venture Capital überzeugt. Der Wettbewerb ist eingebettet in ein Qualifizierungskonzept, bestehend aus Seminaren sowie Gesprächen mit Coaches und Kapitalgebern.[6]

---

[1] Vgl. Strathmann, Frank W. 2008.
[2] Vgl. KfW 2008: Die KfW bietet das Gründercoaching Deutschland für Unternehmen bis zu 5 Jahre nach der Gründung an.
[3] Vgl. IHK 2008: Für die Vorgründungsphase offerieren die bayerischen IHKs mit Unterstützung des bayerischen Wirtschaftsministeriums das Vorgründungs- und Nachfolgecoaching Bayern. Von den Gründern ist jeweils ein Eigenanteil zu leisten. Sie können entweder ihren eigenen Berater im Rahmen des Programms akkreditieren lassen oder einen von den IHKs akkreditierten Coach in Anspruch nehmen.
[4] Vgl. Dippe, Andreas; Müller, Thilo A. 2005, S. 308 ff.
[5] Zur Unternehmensgründung und professionellen Erstellung von Businessplänen gibt es zahlreiche Literatur; vgl. Russo, Peter et al. 2008; vgl. auch Klandt, Heinz 2006.
[6] Vgl. MBPW 2008.

Eine andere Position vertritt Fallgatter. Seiner Meinung nach wird der Planung bei Unternehmensgründungen ein viel zu hoher Wert zugesprochen: „Das Handeln von Unternehmern kann vielfach gar nicht anders funktionieren als ungerichtet und chaotisch."[1] Fallgatter schlägt das Lernen über rasche Falsifikationen vor.[2]

Für Spin-Off-Gründer ist in Deutschland heute schon ein vielfältiges Unterstützungsangebot vorhanden. Dieses wird jedoch von den Gründern zu wenig in Anspruch genommen. Gefordert sind eine gute und qualifizierte Beratung durch die Entrepreneurship-Center und Transferstellen über die grundsätzlichen Möglichkeiten der Gründungsunterstützung, das Angebot von Coaching sowie eine individuelle und situationsspezifische, begleitende Beratung.

### 5.1.2. Motivation zum Unternehmertum

Unbedingte Voraussetzungen für eine erfolgreiche Gründung und Entwicklung eines Spin-Offs sind das Engagement und die Motivation der Gründer: „The key requirement is that the researchers are really committed to set up a spin-off and are eager to make huge efforts to bring it to a success."[3]

Laut Strathmann ist die Motivation heute kein Problem mehr: Jeder, der an der LMU studiert oder an ihr wissenschaftlich tätig ist, kommt mit dem Thema Unternehmertum in Kontakt und kann Unterstützungsleistungen in Anspruch nehmen.[4] Hackl hingegen sieht es als schwierig an, alle Wissenschaftler zu einer Gründung motivieren zu wollen: "Eine Spin-Off-Gründung ist typbedingt, oft sind es Macher, sie lieben das Ausprobieren, es sind einfach Unternehmertypen."[5] Ein positives Umfeld ist wichtig, kann aber nur eine vorhandene Gründungsmotivation verstärken.

---

[1] Fallgatter, Michael J. 2007, S. 99.
[2] Vgl. Fallgatter, Michael J. 2007, S. 105. Fallgatter sieht das Lernen durch das Scheitern von Geschäftsideen mit der daraus folgenden notwendigen Variation als Schlüssel für Innovation und Wachstum von Unternehmensgründungen.
[3] Cuyvers, Rudi 2005, S. 43.
[4] Vgl. Strathmann, Frank W. 2008.
[5] Hackl, Christian 2008.

Für den Spin-Off-Gründer Sporer war das berufliche Weiterkommen ein entscheidendes Motiv.[1] Hier können Entrepreneurship-Center, Transferstellen und Netzwerke ihren Beitrag leisten, indem sie geeignete Möglichkeiten aufzeigen.[2]

Die entscheidende Unterstützung der Spin-Off-Gründer durch Institutsleiter und Professoren wurde schon in Punkt 4.3.2 angesprochen. Scheer ist der Meinung, dass ein erfolgreicher Institutsleiter heute ähnliche Anforderungen erfüllen muss wie ein erfolgreicher Manager – seien es die Strategieentwicklung und das Knüpfen von Netzwerken oder auch die Aufstellung eines Finanzierungskonzepts und ein professionelles Projektmanagement.[3] Um solche Persönlichkeiten für die Wissenschaft zu gewinnen, ist eine wettbewerbs- und leistungsorientierte Reform des Vergütungssystems notwendig.[4] Ziel der Mutterorganisationen muss es also sein, unternehmerisch motivierte Professoren zu integrieren, die dann wiederum ihre Einstellung und ihr Wissen an gründungsinteressierte Wissenschaftler weitergeben.

### 5.1.3. Teambildung und weitere organisationale Maßnahmen

Gründerteams sind in der Regel erfolgreicher als Einzelgründungen, wie in Punkt 4.2.3 beschrieben. Als entscheidendes Erfolgskriterium für Teamgründungen sehen Doppelberger/Schwind das gemeinsame Verständnis der Teammitglieder für Visionen und Ziele.[5] Sowohl wissenschaftlich als auch unternehmerisch ausgerichtete Gründer müssen ihre Werte aneinander anpassen und zu einem gemeinsamen Wertesystem kommen.[6] Zudem ist es notwendig, das vorhandene technische Know-how durch Finanz- und Vertriebsexpertise zu ergänzen. Die strategischen Aufgaben sind gerade in der Gründungsphase Teamaufgaben.[7]

Gründerteams finden vorwiegend aufgrund bestehender sozialer Kontakte und nicht aufgrund unterschiedlicher Fähigkeiten zusammen.[8] Deshalb sollte die Teambildung vor der Spin-Off-Gründung erfolgen. Hier können die

---

[1] Vgl. Sporer, Norbert 2008.
[2] Vgl. Arndt, Werner 2008.
[3] Vgl. Scheer, August-Wilhelm 2006, S. 68 f.
[4] Vgl. Scheer, August-Wilhelm 2006, S. 71.
[5] Vgl. Doppelberger, Thomas; Schwind, Tobias 2007, S. 233 ff.
[6] Vgl. Samson, Karel J.; Gurdon, Michael, A. 1993, S. 66.
[7] Vgl. Doppelberger, Thomas; Schwind, Tobias 2007, S. 233 ff.
[8] Vgl. Lechler, Thomas; Gemünden, Hans G. 2003, S. 157 f.

Universitäten beispielsweise Kontakte unter Gründungsinteressierten schaffen, indem sie MBA-Angebote für Externe öffnen.[1] Zudem können sie Gründertreffs organisieren oder ihre Wissenschaftler ermutigen, an Netzwerktreffen, beispielsweise im Rahmen von Businessplan-Wettbewerben, teilzunehmen. So lernen sich Gründungsinteressierte aus verschiedenen Fachrichtungen kennen und können ein Team bilden.

Bei in den USA praktizierten Modellen der Spin-Off-Gründung sind drei Personengruppen zentral:[2]

- der Wissenschaftler als Erfinder der Technologie
- der externe Unternehmer, der ein Unternehmen gründen möchte und die Technologie lizenziert
- der Investor, der die Technologie bzw. den Wissenschaftler und den externen Unternehmer zusammenbringt

Treibend ist der Wissenschaftler in den Fällen, in denen tazites Wissen vorliegt, kein starker Patentschutz vorhanden ist und die Technologie sich noch im Anfangsstadium befindet.[3] Doch die besten Wissenschaftler sind nicht unbedingt die besten Unternehmer: "Good researchers do not good entrepreneurs make."[4] Dies bestätigen auch Liecke/Heidenreich: „Wenn ein Wissenschaftler ein Unternehmen führt, dann denkt er oft in der Kategorie Forschung. Er perfektioniert sein Forschungsergebnis immer weiter und hat häufig die Umsetzung in ein Produkt zu wenig im Blick."[5]

Deshalb kann es sinnvoll sein, die Gründung mit Hilfe eines externen Unternehmers vorzunehmen. Die Wissenschaftler behalten ihre Stelle in der Mutterorganisation, sind aber in einer Schlüsselposition in das Spin-Off eingebunden: „ … a full-time position with the research institution does not prevent the scientist from playing the role of chief executive or chairman of the board and thus from effectively leading the venture."[6] Erfolgsentschei-

---

[1] Vgl. Wright, Mike et al. 2007, S. 182 f.
[2] Vgl. Shane, Scott 2004, S. 152.
[3] Vgl. Shane, Scott 2004, S. 153 ff.
[4] Wilem Jr., Frank J. 1991, S. 190.
[5] Liecke, Michael; Heidenreich, Anna Maria 2008.
[6] Samsom, Karel J.; Gurdon, Michael A. 1993, S. 70.

dend ist, dass der Wissenschaftler das Spin-Off mit seiner Arbeitsleistung unterstützt oder auch Geld in die Gründung investiert.[1]

Die Kommerzialisierung des Transferobjekts kann auch durch ein Joint Venture oder eine strategische Allianz des Spin-Offs mit industriellen Partnern erfolgen. So hat Lindhofer, Geschäftsführer von Trion Pharma, frühzeitig eine strategische Kooperation mit Fresenius geschlossen und aus dem Verkauf der Vermarktungsrechte für seine Produkte zur Krebsbehandlung deren Entwicklung finanziert.[2] Die Vorteile einer solchen Kooperation liegen in der besseren Marktkenntnis des Industriepartners, den bereits vorhandenen Vertriebswegen sowie dessen Reputation. Schwierig kann jedoch die Auswahl des „richtigen" Partners sein.[3] Voraussetzung für eine erfolgreiche Zusammenarbeit ist eine starke Patentposition des Spin-Offs, da der Industriepartner sonst das Wissen in Besitz nimmt und selbst die Technologien weiterentwickelt.[4]

Diese Hinweise auf die verschiedenen organisationalen Möglichkeiten einer Spin-Off-Gründung zeigen, dass nicht unbedingt der Wissenschaftler selbst alle Kompetenzen und Tätigkeiten auf sich vereinen muss. Viel sinnvoller ist eine strategisch geplante und konsequent umgesetzte Arbeitsteilung zwischen für ihr Aufgabengebiet kompetenten Personen.

### 5.2. Höhere Qualität des Transferobjekts

Das Transferobjekt ist das eigentliche Produkt des Spin-Offs, wie in Punkt 4.3 beschrieben. Aufgrund seiner oftmals geringen Reife und des vielfach unbekannten Marktpotenzials ist dieses mit hohen Unsicherheiten behaftet. Wie lässt sich nun die Qualität des Transferobjekts vor oder im Laufe der Gründung erhöhen?

### 5.2.1. Technologiebewertung und Marktaspekte

Die Technologie als Grundlage für die Schutzrechtstrategie ist sehr bedeutend für ein Spin-Off: „The unique *potential* competitive advantage of a

---

[1] Vgl. Lockett, Andy et al. 2003, S. 187; vgl. auch Samsom, Karel J.; Gurdon, Michael A. 1993, S. 69.
[2] Vgl. Lindhofer, Horst 2008.
[3] Vgl. Wright, Mike et al. 2007, S. 125.
[4] Vgl. Shane, Scott 2004, S. 258 ff.

high-technology new enterprise right from its start can be its technology. ...
This permits a new firm to enter the market with a competitive advantage
over its already established competitors, even those that are much larger."[1]

Die Aspekte der Realisierbarkeit, der wirtschaftlichen Bedeutung und der
Verwertbarkeit einer Technologie können im Rahmen einer Technologiebewertung geprüft werden. Der Entwicklungsprozess einer Technologie
umfasst den Proof of Technology[2], die Entwicklung eines Prototypen und
die Entwicklung konkreter, vermarktbarer Produkte und Dienstleistungen
(s. Abbildung 8).[3] Oft enttäuscht der Proof of Technology die Gründer. „...
because the technology is able to do only some of the things that inventors
had previoulsy thought it could do."[4] Prototypen werden vielfach auch nur
für die einfachste und naheliegendste Anwendung entwickelt – kommen
neue Kundenanforderungen, so startet die Prototypenentwicklung von vor-
ne.

Der Proof of Technology ist meist aufwendig und teuer. Dazu kommen
noch die Kosten für die Anmeldung der Schutzrechte. Der Proof of Market[5]
kann ebenfalls teuer und nur durch Spezialisten durchführbar sein.[6]

---

[1] Roberts, Edward B. 1991, S. 346.
[2] Proof of Technology = Prüfung der technologischen Machbarkeit.
[3] Vgl. Shane, Scott 2004, S. 179 ff.
[4] Shane, Scott 2004, S. 180.
[5] Proof of Market = Prüfung der marktseitigen Machbarkeit.
[6] Vgl. BMBF 2005, S. 25.

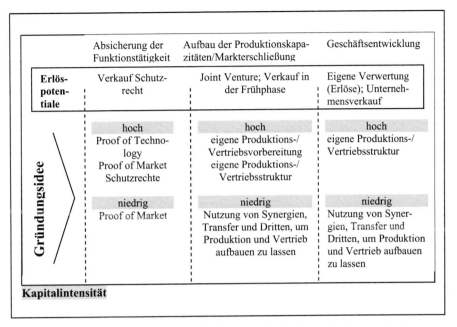

| | Absicherung der Funktionstätigkeit | Aufbau der Produktionskapazitäten/Markterschließung | Geschäftsentwicklung |
|---|---|---|---|
| **Erlöspotentiale** | Verkauf Schutzrecht | Joint Venture; Verkauf in der Frühphase | Eigene Verwertung (Erlöse); Unternehmensverkauf |
| | hoch<br>Proof of Technology<br>Proof of Market<br>Schutzrechte | hoch<br>eigene Produktions-/Vertriebsvorbereitung<br>eigene Produktions-/Vertriebsstruktur | hoch<br>eigene Produktions-/Vertriebsstruktur |
| | niedrig<br>Proof of Market | niedrig<br>Nutzung von Synergien, Transfer und Dritten, um Produktion und Vertrieb aufbauen zu lassen | niedrig<br>Nutzung von Synergien, Transfer und Dritten, um Produktion und Vertrieb aufbauen zu lassen |

**Kapitalintensität**

**Abbildung 8: Phasenmodell zur Entwicklung technologie- und wissensintensiver Gründungen (BMBF[1])**

Zu den Methoden der Technologiebewertung zählen die Wertschöpfungskette, das Stärken-Schwächen-Profil und die Portfoliomethoden, die sich auf alle Phasen des Produktlebenszyklusses beziehen.[2] Auf die Bewertung in ausgewählten Phasen des Lebenszyklusses konzentrieren sich Methoden wie das S-Kurven-Konzept, die Erfahrungskurve und die Suchfeldanalyse.[3] Obwohl diese Methoden vorwiegend für die Technologiebewertung in bestehenden Unternehmen verwendet werden, können auch Spin-Offs hieraus wertvolle Schlüsse ziehen. Sporer gibt jedoch zu bedenken, dass auch hier Unternehmergeist gefragt ist, da sich Studien schon sehr oft als falsch erwiesen haben.[4]

Nachfolgend werden mögliche Methoden der Technologiebewertung vorgestellt. Das Technologieportfolio setzt, im Gegensatz zu den üblichen Marktportfolios, nicht am Produkt, sondern an den enthaltenen Technologien an, d. h. diese müssen in die zugrunde liegenden Produkt- und Prozesstechnolo-

---

[1] Vgl. BMBF 2005, S. 25. Für dieses Buch ist der linke Teil der Abbildung 8 relevant. Der Zugang zu Kapital ist ein entscheidender Faktor in allen Phasen des Gründungsprozesses.
[2] Vgl. Pfeiffer, Werner; Weiß, Enno 1995, S. 665 ff. Die Autoren bieten einen Überblick über die genannten Bewertungsmethoden.
[3] Vgl. Foster, Richard N. 1986, S. 95 ff. Der Autor bietet einen Überblick über die genannten Bewertungsmethoden.
[4] Vgl. Sporer, Norbert 2008.

gien zerlegt werden.[1] Technologieportfolios bilden die strategischen Positionen von Produkt- und Herstellungstechnologien in einer zweidimensionalen Matrix hinsichtlich der Technologieattraktivität und der Ressourcenstärke ab. Die Technologieattraktivität setzt sich aus den Indikatoren Weiterentwicklungspotenzial, Anwendungsbreite und Kompatibilität zusammen, die Ressourcenstärke aus den Indikatoren technisch-qualitativer Beherrschungsgrad, Potentiale und (Re-)Aktionsgeschwindigkeit.

Ein besonders geeignetes Prognoseinstrument für die Abschätzung des Potenzials von neuen Technologien ist die S-Kurve.[2] Diese stellt die Leistungsfähigkeit einer Technologie dem kumulierten Forschungs- und Entwicklungsaufwand gegenüber. Müssen am Anfang viel Zeit und Geld in die Entwicklung einer neuen Technologie investiert werden, so steigt nach der Erarbeitung des entscheidenden Wissens die Leistungsfähigkeit der Technologie stark an. Später wird es dann immer schwieriger und teurer, Fortschritte zu erzielen. Eine neue S-Kurve startet immer dann, wenn eine disruptive Technologie auftaucht, welche das Potenzial hat, die bestehende Technologie zu übertreffen.[3] Hier ergeben sich Chancen für neue Unternehmen wie Spin-Offs, den Markt mit einer neuen Technologie zu ihren Gunsten zu entwickeln.[4]

Weitere Ansätze zur Beschreibung und Bewertung von Technologien hat van Wyk vor mehr als 20 Jahren vorgestellt.[5] Einer dieser Ansätze wurde von Linton/Walsh weiterentwickelt und auf etablierte und disruptive Technologien wie die Nanotechnologie angewendet (s. Tabelle 6).[6]

---

[1] Vgl. Pfeifer, Werner; Dögl, Rudolf 1990, S. 257 ff.
[2] Vgl. Foster, Richard N. 1986, S. 9.
[3] Vgl. Foster, Richard N. 1986, S. 110 ff.
[4] Vgl. Wolfrum, Bernd 1995, S. 249 ff.
[5] Vgl. Van Wyk, Rias J. 1988, S. 341 ff.
[6] Vgl. Linton, Jonathan D.; Walsh, Steven T. 2008, S. 83 ff.

|  | Science | Technology | Engineered Product |
|---|---|---|---|
| **Disruptive** | Entrepreneurial and intrapreneurial firms | Entrepreneurial and intrapreneurial firms | Entrepreneurial and intrapreneurial firms |
| | Funds in research agreement | Funds in research agreement | Licensing agreement |
| | Three to five year working relation | One to three year working relation | |
| **Sustaining** | Established firms | Established firms | Established firms |
| | Funds in research agreement | Funds in research agreement | Licensing agreement |
| | Three to five year working relation | One to three year working relation | |

**Tabelle 6: Vermarktungsmöglichkeiten und Entwicklungsaufwand für etablierte und disruptive Technologien (Linton/Walsh[1])**

Eine Technologiebeschreibung soll Spin-Off-Gründern, Investoren und externen Unternehmern Art und Vorteile der Technologie verständlich machen. Es müssen folgende Fragen beantwortet werden:[2]

- Welche Funktion hat die Technologie?

- Welche Leistung weist die Technologie auf? Hier wird unterschieden zwischen Effektivität, Kapazität, Dichte und Präzision.

- Wie sieht die Struktur der Technologie aus? Diese reicht von neuen Materialien über Komponenten bis hin zu Produkten und Systemen.

- Welche Größe (in Metern) weist die Technologie auf?

- Welche Materialien werden verwendet?

In einer Matrix zur Funktionsbeschreibung wird die Technologie in einem der Felder platziert (s. Tabelle 7).

|  | Process | Store | Transport |
|---|---|---|---|
| **Energy** | | | |
| **Information** | Technology | | |
| **Matter** | | | |

**Tabelle 7: Matrix zur Funktionsbeschreibung von Technologien (Linton/Walsh)[3]**

---

[1] Linton, Jonathan D.; Walsh, Steven T. 2008, S. 87.
[2] Vgl. Linton, Jonathan D.; Walsh, Steven T. 2008, S. 88 ff.
[3] Vgl. Linton, Jonathan D.; Walsh, Steven T. 2008, S. 92.

Der Ansatz von Linton/Walsh erlaubt die Identifizierung verschiedener Anwendungsmöglichkeiten einer Technologie – mit geringeren Entwicklungszeiten und -budgets sowie höheren Marktpotenzialen.[1]

Im Rahmen der Technologiebewertung werden auch Marktaspekte berücksichtigt. Spin-Off-Gründer müssen die hohen technologischen und marktbezogenen Unsicherheiten auch bei der Formulierung ihrer Marketingstrategie beachten. Benkenstein/von Stenglin empfehlen eine fokussierte Strategie, d. h. die Spin-Off-Gründer sollten ihre FuE-Tätigkeiten auf eine bzw. allenfalls zwei Technologien ausrichten und die Marktsegmente entsprechend abgrenzen.[2]

Wichtig ist auch die Fähigkeit der Spin-Off-Gründer, das richtige Zeitfenster zur Vermarktung zu erkennen. So kann es in manchen Fällen sinnvoller sein, mit der Weiterentwicklung einer Technologie zu warten, bis ein Markt erkennbar wird.[3] Im Rahmen dieser Timingstrategien muss sich der Gründer somit entscheiden, ob er eine Pionierstrategie oder eine frühe bzw. späte Folgerstrategie ergreifen möchte. Für die Vor- und Nachteile dieser Strategien wird auf die Literatur verwiesen.[4] Nach Benkenstein/von Stenglin gibt es keine generell zu bevorzugende Timingstrategie; vielmehr sind stets situative Kontextfaktoren, wie die Markt- und Wettbewerbsentwicklung, zu beachten.[5]

Ein weiterer grundlegender Aspekt der strategischen Vorgehensweise bei der Vermarktung ist die Wahl der Wettbewerbsstrategie. Unterschieden werden nach Porter die Kostenführerschaft, die Qualitätsführerschaft und die Konzentration auf Marktnischen.[6] Aufgrund der Ressourcenknappheit und geringer Standardisierungsvorteile streben Gründer von Technologieunternehmen und Spin-Offs vielfach eine Qualitätsführerschaft oder eine Nischenstrategie an.[7]

---

[1] Vgl. Linton, Jonathan D.; Walsh, Steven T. 2008, S. 93.
[2] Vgl. Benkenstein, Martin; von Stenglin, Ariane 2008, S. 188 ff.
[3] Vgl. Shane, Scott 2004, S. 272. Das Zeitfenster wird „window of opportunity" genannt.
[4] Vgl. Backhaus, Klaus; Voeth, Markus 2003, S. 270 ff.
[5] Vgl. Benkenstein, Martin; von Stenglin, Ariane 2008, S. 195.
[6] Vgl. Porter, Michael E. 2000, S. 31 ff.
[7] Vgl. Kulicke, Marianne et al. 1993, S. 83 f.; vgl. auch Egeln, Jürgen et al. 2003, S. 147; vgl. auch Hemer, Joachim et al. 2006, S. 134.

Die genannten Strategien, aber auch Ziele, Mark- und Wettbewerbsanalysen sowie die Finanzierung sind Bestandteil eines Businessplans. Auf diesen sowie weitere gründer- und technologiespezifische Marketingaspekte soll hier nicht eingegangen werden.

Mit Hilfe der vorgestellten Methoden kann ermittelt werden, ob und wie eine Technologie im Rahmen eines Spin-Offs weiterentwickelt und vermarktet werden sollte. Die Durchführung von Entwicklungsarbeiten für den Proof of Technology und die Entwicklung von Prototypen werden z. B. auch im Rahmen von EXIST Forschungstransfer gefördert.[1]

### 5.2.2. Schutzrechtstrategien

Wie unter Punkt 4.3.3 beschrieben, liegt ein wichtiges Alleinstellungsmerkmal eines Spin-Offs in seinen Patenten und Patentportfolien. So werden Spin-Offs teilweise erst gegründet, wenn die Wissenschaftler eine Patentfamilie aufgebaut haben, die einen starken Schutz gewährleistet.[2]

Patente werden oft zusammen mit anderen Parteien erarbeitet, die sich außerhalb der Mutterorganisation befinden. Dies ist beispielsweise bei europäischen Forschungsprojekten der Fall.[3] Deshalb muss von Anfang an sichergestellt werden, dass die patentierten Forschungsergebnisse der Mutterorganisation gehören und somit auch dem Spin-Off-Gründer zugänglich sind. Voraussetzung ist zudem, dass die Mutterorganisation bereit ist, dem Gründer die Patente zu verkaufen bzw. freizugeben.[4]

Im Regelfall sind die Mutterorganisationen heute zunehmend sensibilisiert für die Bedeutung von Schutzrechten.[5] Sollten sie jedoch nicht zur Herausgabe der Patente bereit sein, bleibt dem Spin-Off-Gründer nur die Möglichkeit der Lizenzierung. Hierfür muss er den Wert der Patente abschätzen, was vielfach auf Schwierigkeiten stößt. Der Wert eines Patents hängt grundsätzlich von der Technologie ab, die durch das Patent geschützt ist, vom

---

[1] Vgl. EXIST 2008.
[2] Vgl. Wallmark, Torkel J. 1997, S. 134.
[3] Vgl. Liecke, Michael; Heidenreich, Anna Maria 2008.
[4] Vgl. Strathmann, Frank W.: Bei der LMU werden rund 1/3 der Patente durch die LMU verwertet und rund 2/3 für den Wissenschaftler freigegeben.
5 Vgl. Mathes, Christian 2007, S. 208 f.

Schutzbereich und vom Umsatz, der vom Patent erfasst wird.[1] Bei den
Transferobjekten handelt es sich in vielen Fällen um disruptive Technologien, deren Wert vorab nicht so leicht bestimmt werden kann. Hinsichtlich
des Schutzbereichs können Patente in Grundsatz-, Ausführungs- und Detail-
patente eingeteilt werden, wobei Spin-Offs in vielen Fällen Grundsatzpaten-
te besitzen. Der vom Patent erfasste Umsatz wird sich vorab nur schwer
prognostizieren lassen.

Für die Festlegung einer Schutzrechtstrategie muss zunächst definiert werden, welches Ziel erreicht werden soll. Für Spin-Offs steht das Ziel des
Schutzes der eigenen Technologie im Vordergrund.[2] Zudem stellen Patente,
wenn sie dem Spin-Off gehören, einen Vermögenswert dar, der die Einwer-
bung von Venture Capital erleichtert.

Folgend Möglichkeiten von Schutzstrategien stehen zur Verfügung:[3]

- Patentierung und Aufbau eines Patentportfolios
- Publikation der Forschungsergebnisse, so dass kein Patent mehr an-
  gemeldet werden kann
- Geheimhaltung der Forschungsergebnisse
- Sicherstellen einer ausreichenden Innovationsgeschwindigkeit

Die Wahl der geeigneten Schutzrechtstrategie ist auch branchenabhängig:
So ist in der Biotechnologie eine Patentierung unabdingbar, im Maschinen-
bau kann bei ausreichend hoher Innovationsgeschwindigkeit in manchen
Fällen auf Patente verzichtet werden.

In die Ausgestaltung der Schutzrechtstrategie fließt auch die Beurteilung des
Umfelds ein. Hierfür sollte die Anzahl der Patente und Patentanmeldungen
der wichtigsten Wettbewerber ermittelt und mit der eigenen Patentposition

---

1 Vgl. Beck, Josef 2003, S. 276 f. Vgl. auch Shane, Scott 2004, S. 135: Patente mit einem
breiten Schutzbereich gewährleisten eine bessere Absicherung, da Wettbewerber davon
abgehalten werden, die gleiche oder eine ähnliche Technologie zu nutzen.
2 Vgl. Beck, Josef 2003, S. 275. Als mögliche Ziele sind der Schutz der eigenen Technologien und Produkte vor Imitation, der Zugang zu Technologien, die von Wettbewerbern
durch Patente geschützt sind, die Erzielung von Lizenzeinnahmen, der Aufbau eines innovativen Rufes und die Vermeidung der Nutzung von Wettbewerbspatenten zu nennen.
3 Vgl. Cuyvers, Rudi 2005, S. 33 ff.

verglichen werden.[1] Spin-Off-Gründer sollten auf alle Fälle versuchen, diese Vorgehensweise zu befolgen. Dies wird jedoch schwierig sein, wenn es sich um eine disruptive Technologie handelt, die sich noch nicht in Patentanmeldungen wiederfindet. In solchen Fällen empfiehlt es sich, diese Alleinstellungsposition zu nutzen und, falls genug Kapital vorhanden ist, eine Patentfamilie zu etablieren, die vor dem Eindringen der Konkurrenz schützt.

Ein Spin-Off-Gründer tut gut daran, sich über den Schutz der Technologien und die Patentfragen Gedanken zu machen, da diese Grundlage seines Geschäfts sind und Fehler viel Geld kosten können. Hierbei ist der Gründer auf eine fundierte Beratung durch Entrepreneurship-Center oder die Transferstellen angewiesen. Eine Förderung von Patentanmeldungen erfolgt z. B. durch EXIST Forschungstransfer.[2]

### 5.2.3. Maßnahmen zur Erhöhung der Reife

Wie unter Punkt 4.3.1 beschrieben, ist der Wissenschaftler nach Gründung des Spin-Offs wegen des frühen Entwicklungsstadiums der Technologie gefordert, diese bis zur Marktreife weiterzuentwickeln. Aufgrund der langen Produktentwicklungsprozesse verfehlen viele Spin-Off-Gründer ihren Markt, wenn sich in der Zwischenzeit die Kundenbedürfnisse geändert haben. Zudem werden der zeitliche und finanzielle Aufwand unterschätzt.[3]
So hatten im Jahr 1997 von den MIT-Spin-Offs, die zwischen 1 und 17 Jahre alt waren, nur 27 % ein Produkt auf dem Markt. Dies zeigt die große Unsicherheit einer erfolgreichen Spin-Off-Gründung.[4]

Hier taucht wieder die Forderung nach Förderprogrammen und unterstützenden staatlichen Leistungen auf. Szyperski/Klandt schlagen vor, dass Forschungseinrichtungen ihre Entwicklungen bis „in die Nähe einer Serienreife" betreiben sollten.[5] Forschungsorganisationen fordern zur Überbrückung der Lücke zwischen dem wissenschaftlichen Proof of Technology und der ersten Modellanwendung staatliche Gelder.[6]

---

[1] Vgl. Beck, Josef 2003, S. 276.
[2] Vgl. EXIST 2008.
[3] Vgl. Shane, Scott 2004, S. 188.
[4] Vgl. Shane, Scott 2004, S. 190.
[5] Szyperski, Norbert; Klandt, Heinz 1981, S. 32.
[6] Vgl. Frank, Andrea 2007, S. 83.

In den USA werden Spin-Offs durch das Small Business Innovation Research Program (SBIR) unterstützt. Die Förderung erfolgt in einer sehr frühen Phase des Gründungsprozesses und läuft in drei Phasen ab: In der ersten Phase werden bis zu $ 100.000 für den Proof of Technology gewährt. Um den Proof of Market durchzuführen, erhalten die besten Gründer aus der ersten Phase noch einmal bis zu $ 750.000. Der Technologietransfer von der Mutterorganisation in den Spin-Off findet erst in der dritten Phase statt. Diese wird durch das SBIR nicht mehr unterstützt, es besteht aber die Möglichkeit, andere öffentliche Förderprogramm zu nutzen oder Venture Capital zu akquirieren.[1]

In Deutschland stellt die EXIST-Initiative Spin-Off-Gründern im Rahmen des Gründerstipendiums über 50.000 Euro, im Rahmen des Forschungstransfers in zwei Phasen rund 180.000 Euro und rund 150.000 Euro zur Verfügung.[2] Zudem investiert der Hightech-Gründerfonds, der von der KfW und großen Unternehmen finanziert wird, in einer sehr frühen Phase Venture Capital in junge, chancenreiche Technologieunternehmen. Es werden 500.000 Euro gewährt, in einer Anschlussfinanzierungsrunde können weitere 500.000 Euro zur Verfügung gestellt werden. Allerdings müssen die Gründer einen Eigenanteil von 20 % tragen.[3]

Auch wenn es inzwischen einige Programme zur Überbrückung der schwierigen Phase zwischen dem Forschungsergebnis und dem marktfähigen Produkt gibt, sind weiterhin die Mutterorganisationen gefordert, ihren Wissenschaftlern eine Weiterentwicklung des Transferobjekts innerhalb der Organisation zu ermöglichen. Dies kann beispielsweise durch die kostenlose Bereitstellung von Geräten, Labors und Büroräumen erfolgen. Obwohl sich hier schon viel getan hat, sind in der Praxis noch einige Hindernisse vorhanden.[4]

Zudem sollten die Mutterorganisationen einerseits durch eine klare Profilbildung die notwendige kritische Masse für eine hohe Qualität der Transfer-

---

[1] Vgl. BMBF 2005, S. 64.
[2] Vgl. EXIST 2008.
[3] Vgl. High-Tech-Gründerfonds 2008.
[4] Vgl. Hackl, Christian 2008.

objekte erreichen und andererseits ihren Wissenschaftlern ausreichend unternehmerische Freiheiten gewähren.[1] Hochschulen und Forschungsorganisationen finanzieren sich in Deutschland zu einem Großteil aus öffentlichen Geldern und können sich deswegen der Aufgabe des Wissenstransfers durch Spin-Offs nicht verschließen.

## 6. Handlungsempfehlungen für Wissenschaftler

In diesem Kapitel werden Empfehlungen für gründungsinteressierte Wissenschaftler im Hightech-Bereich ausgesprochen, die sich aus dieser Studie ergeben haben. Abbildung 9 beschreibt die Entwicklungsphasen des Transferobjekts von der Grundlagenforschung bis zur Vermarktung. Der Wissenschaftler benötigt in jeder Phase verschiedene Qualifikationen, Einstellungen und Unterstützungsleistungen.

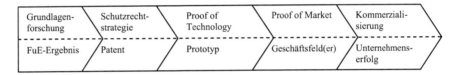

**Abbildung 9: Entwicklungsphasen des Transferobjekts von der Grundlagenforschung bis zur Vermarktung (eigene Darstellung)**

In der Literatur finden sich zahlreiche Handlungsempfehlungen für die Gründung eines Unternehmens. In der nachfolgenden Checkliste sind die aus Sicht der Verfasserin zehn wichtigsten Handlungsempfehlungen für Hightech-Spin-Off-Gründer zusammengefasst (s. Tabelle 8).

| 10 | Empfehlungen für gründungsinteressierte Wissenschaftler |
|---|---|
| ☐ | Die eigenen Forschungsergebnisse kontinuierlich auf eine mögliche Verwertbarkeit am Markt prüfen. |
| ☐ | Frühzeitig Kontakt zu Entrepreneurship-Centern und Transferstellen der Mutterorganisation aufnehmen. |
| ☐ | Sich stets bewusst machen, dass der Markt andere Anforderungen stellt als die Wissenschaft. |
| ☐ | Bestehende Beratungs- und Qualifizierungsangebote wahrnehmen. |
| ☐ | Ratschläge von Beratern und Coaches zulassen und akzeptieren, dass gute Beratung Geld kostet. |

---

[1] Vgl. Riesenhuber, Felix 2008, S. 210.

| | |
|---|---|
| ☐ | Die Reife des Transferobjekts soweit wie möglich in der Mutterorganisation erhöhen. |
| ☐ | Die Gründung intensiv vorbereiten und einen fundierten Businessplan schreiben. |
| ☐ | Ein schlagkräftiges Team zusammenstellen, das alle notwendigen Qualifikationen aufweist und von den Persönlichkeiten her harmoniert. |
| ☐ | Relevante Netzwerke auswählen und nutzen und den Kontakt mit der Wissenschaft aufrechterhalten. |
| ☐ | Stets das Ziel im Auge behalten und die Begeisterung für das eigene Unternehmen kultivieren. |

**Tabelle 8: Zehn Handlungsempfehlungen für gründungsinteressierte Wissenschaftler im Hightech-Bereich (eigene Darstellung)**

# 7. Zusammenfassung und Ausblick

Das Kapitel fasst die Ergebnisse zusammen und gibt einen Ausblick auf zukünftige Entwicklungen sowie weitere mögliche Forschungsfragen.

Technischer Fortschritt und Innovationen sind für das langfristige Wachstum einer Volkswirtschaft von hoher Bedeutung. Einen wichtigen Beitrag zur Verwertung und Diffusion von Wissen und Technologien leisten akademische Spin-Offs, d. h. Ausgründungen aus Hochschulen und Forschungsorganisationen.

Dieses Buch will dazu beitragen, das Phänomen „akademische Spin-Offs" in Deutschland – und hier v. a. Hightech-Spin-Offs – transparenter zu machen. Anhand 50 verschiedener Studien aus Deutschland, den USA und weiteren Ländern wurden mögliche Erfolgsfaktoren für Spin-Off-Gründungen ermittelt. Hierbei erfolgte eine Konzentration auf die Erfolgsfaktoren „Gründerpersönlichkeit" und „Transferobjekt". Diese beiden Faktoren sind in der Regel die wichtigsten Assets, die eine Spin-Off-Gründung im Hightech-Bereich aufweist. Die Ergebnisse der umfassenden Literaturanalyse wurden durch fünf Experteninterviews hinterfragt und mit Beispielen belegt.

Schon bei der Recherche zeigte sich, dass sich die empirischen Studien zu Spin-Off-Gründungen erheblich unterscheiden, was die Definition von

Spin-Offs und die Auswahl der jeweiligen Stichproben betrifft. Für Spin-Offs, wie auch für „klassische" Unternehmensgründungen, gibt es keine einheitliche Statistik, keine einheitlichen Abgrenzungen und somit auch keine unmittelbar vergleichbaren Ergebnisse. Viele Studien fokussieren auf bestimmte Regionen, Zeiträume oder Mutterorganisationen. Auch wenn bei der Interpretation der Ergebnisse diese Heterogenität stets im Blick behalten werden muss, können aus den Studien wichtige Erkenntnisse über Spin-Offs gewonnen werden.

Die Zahl der jährlich in Deutschland gegründeten akademischen Hightech-Spin-Offs lässt sich nicht exakt festlegen. Aufgrund der vorhergehenden Analysen wird von jährlich rund 250 Hightech-Spin-Off-Gründungen ausgegangen, wobei etwa 200 aus Hochschulen und etwa 50 aus Forschungsorganisationen stammen. Trotz ihrer geringen Anzahl sind Hightech-Spin-Off-Gründungen für den Standort Deutschland wichtig, da sie auf direktem Weg wissenschaftliche Ergebnisse in wirtschaftliche Anwendungen umsetzen, durch ihre vielfach disruptiven Technologien Innovationen generieren und eine hohe Motivations- und Signalwirkung besitzen.

Bereits heute ist es die Aufgabe von Hochschulen und Forschungseinrichtungen, Spin-Off-Gründungen zu fördern. Allerdings sind die Intensität dieser Förderung und das „Commitment" von Mutterorganisation zu Mutterorganisation unterschiedlich – je nachdem, ob die Präferenzen der Leitung mehr auf der rein akademischen Forschung oder auf der Umsetzung der Forschungsergebnisse in die Praxis liegen.

Hightech-Spin-Offs werden zu einem sehr frühen Zeitpunkt gegründet: Sie haben in der Regel noch keine anwendungsreife Technologie bzw. Produkt, keinen Businessplan, kein Management und keinen Markt. Zudem benötigen sie Kapital, um ein Unternehmen zu schaffen, das diese Aufgaben übernehmen kann. Somit sind Spin-Off-Gründungen mit hohen technologischen und marktbezogenen Unsicherheiten behaftet.

Die Gründer von Hightech-Spin-Offs sind in der Regel hoch qualifiziert, was ihr technisches Fachwissen und ihre Forschungsleistungen angeht. Es mangelt jedoch vielfach an unternehmerischen Kompetenzen wie Unternehmensführung, Marketing, Finanzierung und Controlling. Im technischen Bereich fehlen oftmals Kenntnisse in der Produktentwicklung und der Serienproduktion.

Um diese Schwächen auszugleichen, werden die meisten Spin-Offs in Teams gegründet. Allerdings hat sich gezeigt, dass die Teams vielfach nicht hinsichtlich der benötigten Qualifikationen, sondern nach Sympathie zusammengestellt werden. Trotzdem sind Teamgründungen im Schnitt erfolgreicher als Einzelgründungen.

Eine große Hürde für Spin-Off-Gründungen liegt in den unterschiedlichen Wertvorstellungen von Wissenschaft und Wirtschaft: In der Wissenschaft steht die Suche nach Wissen über der Erzielung von finanziellem Gewinn. Die Forschung ist eher breit und langfristig ausgelegt, der Wissenschaftler möchte Entdeckungen machen, die weit über die Marktbedürfnisse hinausgehen. Der Unternehmer hingegen setzt seinen Fokus auf marktwirtschaftlichen Erfolg und ist somit weniger an der „wahren" Entdeckung interessiert. Der Planungshorizont beträgt meist nur ein oder zwei Jahre. Wenn es nicht gelingt, diese unterschiedlichen Wertvorstellungen in Einklang zu bringen, führt dies in vielen Fällen zum Scheitern eines Spin-Offs – auch wenn das sonstige Umfeld erfolgversprechend ist.

Das Transferobjekt, das den Spin-Off-Gründern von der Mutterorganisation überlassen wird, befindet sich vielfach in einem sehr frühen Entwicklungsstadium. Oftmals handelt es sich nur um Forschungs- und Entwicklungsergebnisse, teilweise auch um Funktionsmuster oder Prototypen. Die Technologien selbst sind vielfach disruptiv. Die Erfahrung zeigt, dass auf dem langen Weg vom Prototyp zum serienreifen Produkt unerwartet viele Probleme gelöst werden müssen. Zudem kann die Übertragung der Schutzrechte durch die Mutterorganisation auf das Spin-Off konfliktbehaftet und zeitraubend sein. Somit ist die „Lücke" zwischen Transferobjekt und vermarktungsfähigem Produkt groß; für die Weiterentwicklung werden viel Zeit, Geld und Know-how benötigt.

Der hohe Neuigkeitsgrad der Technologien erschwert auch die Bestimmung von Anwendungsmöglichkeiten, Märkten und Zielgruppen. Diese müssen frühzeitig identifiziert oder sogar neu geschaffen werden. Hier liegt eine der größten Herausforderungen, die an die Wissenschaftler gestellt werden.

Anhand der beschriebenen Diskrepanzen zwischen Wissenschaftlern und Unternehmern sowie den Diskrepanzen zwischen Transferobjekt und vermarktungsfähigem Produkt werden mögliche Maßnahmen abgeleitet. Diese sollen dazu dienen, die Quantität und Qualität von akademischen Spin-Off-Gründungen zu erhöhen.

So können fehlende Qualifikationen durch Teambildung oder begleitende Unterstützung durch externe Berater zumindest teilweise ausgeglichen werden. Sinnvoll kann es auch sein, dem Wissenschaftler einen erfahrenen Unternehmer an die Seite zu stellen. Voraussetzung für den Erfolg eines Teams ist, dass sich die Teammitglieder um gemeinsame Werte und Ziele bemühen; sonst werden die Einstellungen vielfach konträr bleiben und damit mehr Blockaden als Synergien hervorrufen. Berater können nur situationsspezifisch und punktuell unterstützen. Von den Gründern ist daher zu fordern, dass sie sich auch selbst mit den Anforderungen und notwendigen Maßnahmen für eine erfolgreiche Spin-Off-Gründung und Unternehmensentwicklung auseinandersetzen.

Ein wichtiger Erfolgsfaktor für eine Spin-Off-Gründung ist die adäquate Beurteilung des Transferobjekts. Hier können Methoden der Technologiebewertung eingesetzt werden, welche die Aspekte der Realisierbarkeit, der wirtschaftlichen Bedeutung und der Verwertbarkeit einer Technologie prüfen. Mögliche Verfahren werden in diesem Buch vorgestellt. Von Bedeutung ist auch eine transparente Schutzrechtstrategie der Mutterorganisation, die den Spin-Off-Gründern die Möglichkeit gibt, ihre Technologien weiterzuentwickeln und Gewinne aus der Vermarktung zu ziehen. Venture Capital Geber fordern in der Regel, dass die Spin-Off-Gründer Eigentum an den Patenten halten.

Für Spin-Off-Gründer ist in Deutschland inzwischen ein vielfältiges Unterstützungsangebot vorhanden. Beispielhaft kann hier die EXIST-Initiative genannt werden. Die Angebote werden jedoch von den Gründern in zu geringem Maße in Anspruch genommen. Auch besitzen die Angebote nicht immer die erforderliche Qualität. Notwendig ist hier eine umfassende und qualifizierte Beratung durch die Entrepreneurship-Center und Transferstellen. Diese müssen einen Überblick über die grundsätzlichen Möglichkeiten der Gründungsunterstützung geben, individuelle und situationsspezifische begleitende Beratung bieten sowie entsprechende Coachingangebote vorhalten.

Abschließend werden die – nach Meinung der Verfasserin dieses Buches – zehn wichtigsten Handlungsempfehlungen für gründungsinteressierte Wissenschaftler im Hightech-Bereich in einer Checkliste zusammengefasst.

Für die Zukunft wird es darum gehen, die Quantität und Qualität von Spin-Off-Gründungen zu erhöhen, ohne die wissenschaftlichen Kernaufgaben der Mutterorganisationen zu vernachlässigen. So sollte die Exzellenz einer Hochschule oder Forschungsorganisation nicht mehr nur anhand der wissenschaftlichen Ergebnisse und der Kompetenzen in der Lehre gemessen werden, sondern auch anhand der Anzahl der angemeldeten Patente, gegründeten Spin-Offs und übertragenen Lizenzen.

Zudem ist in Deutschland ein Gründungsklima zu schaffen, welches das Unternehmertum als einen anzustrebenden Lebensweg prägt. Spin-Off-Gründer benötigen Vorbilder, wie dies in den USA beispielsweise Google oder Hewlett Packard sind. Zudem muss ein Scheitern erlaubt sein, ohne dass dadurch gleich Karrieren zerstört werden. Auch die eindeutige Entscheidung „Wissenschaftler oder Unternehmer" sollte ein Spin-Off-Gründer nicht schon bei der Gründung treffen müssen.

Um akademische Spin-Off-Gründungen noch besser untersuchen zu können, wäre es sinnvoll, eine einheitliche deutschlandweite Statistik – z. B. in Form eines Spin-Off-Registers – zu schaffen, in das sich Spin-Offs eintragen können. Zudem sollte für weitere Forschungsarbeiten die Definition eines Spin-Offs vereinheitlicht werden. Nur dann sind die erhobenen Daten vergleichbar, nur dann lassen sich Maßnahmen ableiten und auf ihre Wirksamkeit überprüfen.

Deutschland hat eine hohe technologische Kompetenz, eine gute Forschungsinfrastruktur, hoch qualifizierte Fachkräfte und genügend Kapital. Das ohne Zweifel vorhandene Potenzial an akademischen Spin-Off-Gründungen muss aber noch besser ausgeschöpft werden.

# Anhang

## A1. Übersicht wichtiger empirischer Studien zu Spin-Offs und deren Erfolgsfaktoren

| Autor/en | Stichprobe/unter-suchte Organisation | Thema/Kernaussagen |
|---|---|---|
| ADT Arbeitsge-meinschaft Deut-scher Technologie- und Gründerzent-ren 1998 | Wissenschaftler und Transferstellen von deutschen Hochschu-len, Forschungsorga-nisationen, Technolo-gie- und Gründerzent-ren | Analysiert werden Spin-Offs aus Hochschulen und außer-universitären Forschungsein-richtungen: Ermittlung der Anzahl und Untersuchung der Rahmenbedingungen sowie der Entwicklungspotenziale von Spin-Off-Gründungen. |
| Bundesministerium für Bildung und Forschung (BMBF) 2005 | 90 Spin-Offs aus deutschen Universitä-ten | Bestandsaufnahme zum wis-sens- und technologieorien-tierten Gründungsgeschehen aus Hochschulen und der Un-terstützungsangebote in Deutschland: Die Zahl der Gründungen ist gering, Un-terstützungsangebote sind nur in den frühen Phasen vorhan-den. EXIST ist ein Erfolg, was die Verankerung von Unternehmertum in den Hochschulen betrifft. |
| Chiesa, Vittorio; Piccaluga, Andrea 2000 | 48 Spin-Offs aus ita-lienischen Universitä-ten | Spin-Offs sind eine der bes-ten Möglichkeiten, um For-schungsergebnisse in markt-fähige Produkte umzusetzen. |
| Colyvas, Jeannette et al. 2002 | 11 Spin-Offs aus amerikanischen Uni-versitäten | Neue Forschungsgebiete wie die Biotechnologie oder die Softwareentwicklung führen dazu, dass an den Universitä-ten verstärkt patentiert, lizen-ziert und gegründet wird. |
| Cooper, Sarah Y.; Park, John S. 2008 | 31 Hightech-Gründungen aus Schottland und Kana-da | Inkubatororganisationen ha-ben einen positiven Einfluss auf den Erfolg von Hightech-Gründungen, da sie eine Ein-bindung in Netzwerke bieten, die Motivation der Gründer steigern und zu besserem technologischen Wissen so-wie Marktwissen verhelfen. |

| | | |
|---|---|---|
| Di Gregorio, Dante; Shane, Scott 2003 | Spin-Offs aus 101 amerikanischen Universitäten | Die Start-up-Aktivität variiert von einer Universität zur anderen, abhängig von deren Exzellenz und Transferpolitik, dem Vorhandensein von Venture Capital sowie der Anwendungsorientierung in der Forschung. |
| Egeln, Jürgen et al. 2003 | Über 20.000 deutsche Spin-Offs aus Wissenschaft und Wirtschaft | Ermittelt wird die Anzahl der Spin-Offs, und es werden die Rahmenbedingungen sowie die Erfolgsfaktoren und Entwicklungspotenziale untersucht. Die Hauptmotive einer Spin-Off-Gründung liegen in der Selbstbestimmtheit und Unabhängigkeit, die besseren Karrieremöglichkeiten sind von geringerer Bedeutung. Produktorientierte Spin-Offs sind erfolgreicher als serviceorientierte Spin-Offs. |
| Egeln, Jürgen et al. 2007 | Akademische Spin-Off-Gründungen aus Österreich | Spin-Off-Gründungen unterscheiden sich von unabhängigen Gründungen in forschungs- und wissensintensiven Zweigen positiv in Hinblick auf das FuE-Engagement; sie erzielen keine höhere Beschäftigungs- und Umsatzentwicklung. |
| Ensley, Michael D.; Hmieleski, Keith M. 2005 | 102 akademische Spin-Offs und 154 unabhängige Hightech-Gründungen aus den USA | Die Teams von Spin-Offs sind homogener zusammengesetzt und besitzen einen niedrigeren Grad gemeinsam verfolgter Strategien als die Teams unabhängiger Hightech-Gründungen. Zudem sind Spin-Off-Teams weniger erfolgreich. |
| Fryges, Helmut et al. 2007 | 3.000 deutsche Hightech-Gründungen | Die Zahl der durch Business-Angels finanzierten Unternehmen und die Zahl der Business-Angels liegen in Deutschland niedriger als erwartet. Im Vergleich mit anderen europäischen Ländern und den USA steht Deutschland schlecht da. Problematisch ist das Matching von Kapitalgebern und Kapitalnehmern. |

| Gottschalk, Sandra et al. 2007 | 3.000 deutsche High-tech-Gründungen | Beschrieben werden die Charakteristika von Hightech-Gründungen in Deutschland. Die Schwerpunkte liegen auf Spin-Off-Gründungen aus der Wissenschaft, der Auslagerung von Unternehmenstätigkeiten und der Finanzierung. Wichtige Schlussfolgerung ist, dass die relativ geringe Zahl an Hightech-Gründungen durch kurz- und langfristige Maßnahmen erhöht werden muss, beispielsweise hinsichtlich der FuE-Aktivitäten sowie der Finanzierung. |
|---|---|---|
| Gübeli, Manuel H.; Doloreux, David 2005 | 3 akademische Spin-Offs aus Schweden | Die Zusammenarbeit zwischen Mutterorganisation und Spin-Off ist anfangs besonders wichtig; später werden v. a. externe Netzwerke genutzt. |
| Gupte, Manoj A. 2007 | 107 akademische Spin-Offs aus Deutschland | Die Erfolgsfaktoren für eine Spin-Off-Gründung werden analysiert. Der Schwerpunkt liegt auf Netzwerken. So kann durch die Inanspruchnahme der Kompetenzen externer Netzwerke die Ressourcenknappheit von Spin-Offs gemindert werden. Wichtig sind die interne Kommunikation und eine flexible Organisationsform. |
| Hemer, Joachim et al. 2006 | 20 Spin-Offs aus deutschen Universitäten und Forschungsorganisationen | Ermittelt werden Ausgründungszahlen sowie kritische Erfolgsfaktoren, u. a. Finanzierung, Produkteigenschaften, Markt, Rolle der Mutterorganisation, Netzwerke, Standort und Humankapital. |
| Hemer, Joachim et al. 2007 | 39 Spin-Offs aus deutschen Universitäten und Forschungsorganisationen | Ermittelt werden kritische Erfolgsfaktoren, u. a. Produkteigenschaften, Markt, Rolle der Mutterorganisation, Netzwerke, Standort und Humankapital. Zudem werden Hemmnisfaktoren eruiert, u. a. unzureichende Finanzierung und ungenügende kaufmännische Kenntnisse. |

| | | |
|---|---|---|
| Heydebreck, Peter et al. 2000 | 259 Hightech-Gründungen, darunter auch Spin-Offs, sowie 106 Wissenschaftler aus Schweden | Bewertet wird der schwedische Teknopol-Ansatzes, der die Lücke zwischen Forschungsergebnis und marktfähigem Produkt überbrücken soll. Als wichtigste Aktionsfelder wurden Services in den Bereichen Technologie, Marketing, Finanzierung und Schulung/Beratung identifiziert. |
| Isfan, Katrin; Moog, Petra 2003 | Professoren von 100 deutschen Universitäten | Alter, Geschlecht und Erfahrung der Professoren beeinflussen die Wahrscheinlichkeit einer Spin-Off-Gründung. |
| Knecht, Thomas 1998 | 460 Arbeitsgruppenleiter aus bayerischen Universitäten | Analysiert wird die Relevanz der Universitäten als Gründungsinkubatoren: Die Zahl an Spin-Offs erhöht sich durch die Industrieerfahrung der Arbeitsgruppenleiter, Drittmittel aus Industrieprojekten, eine zügige Identifikation der marktlichen Verwertung von Forschungsergebnissen und das grundsätzliche Interesse an deren Verwertung. |
| Knecht, Thomas 2003 | 124 akademische Spin-Offs aus Bayern | Es wird ein Modell zur Bewertung innovativer Spin-Offs erstellt. Potenzielle Werttreiber werden nach ihrem Einfluss auf den Erfolg von Spin-Offs (Profitabilität, Wachstum) bewertet. Hierbei wird die Perspektive eines unternehmensexternen Investors eingenommen. |
| Kulicke, Marianne et al. 1993 | 333 durch den Modellversuch „TOU" geförderte technologiebasierte Gründungen | Ermittlung von Erfolgs- und Misserfolgsfaktoren staatlich geförderter junger technologieorientierter Unternehmen: Einen positiven Einfluss auf den Erfolg haben u. a. Teamgründungen, die Zusammenarbeit mit anderen FuE-Einrichtungen sowie eine gesicherte Finanzierung. Den Misserfolg begünstigen u. a. Einzelgründungen und unzureichender Vertrieb. |

| | | |
|---|---|---|
| Marvel, Matthew R.; Lumpkin, G. Tom 2007 | 145 Hightech-Spin-Offs aus amerikanischen Hochschulinkubatoren | Je mehr Fachwissen und Technologiekenntnisse ein Spin-Off-Gründer aufweist, desto disruptiver sind die durch ihn generierten Innovationen. Fundiertes Marktwissen hat eher einen negativen Einfluss bei der Umsetzung disruptiver Innovationen. |
| Metzger, Georg et al. 2008 | 2.916 deutsche Hightech-Gründungen | Die Anzahl der Hightech-Gründungen in Deutschland ist im Jahr 2007 erstmals wieder gestiegen. Die Region München liegt mit der Hightech-Gründungsintensität in Industrie, Dienstleistungen sowie Informations- und Kommunikationstechnik weiterhin an der Spitze. |
| Müller, Bettina 2006 | 3.000 akademische Spin-Offs aus Deutschland | Teamgründungen sind erfolgreicher als Einzelgründungen. Es ist unerheblich für den Erfolg, ob die Teams inter- oder intradisziplinär zusammengesetzt sind. |
| Müller, Kathrin 2008 | 1.810 Spin-Offs aus Deutschland | 50 % aller deutschen Spin-Offs werden erst 4 Jahre nach Ausscheiden aus der Wissenschaft gegründet. Die Zeitspanne zwischen Wissenschaft und Gründung ist geringer, wenn die Intensität des Wissenstransfers höher ist und es sich um Teamgründungen handelt. |
| Nerkar, Atul; Shane, Scott 2003 | 128 Spin-Offs aus dem MIT, USA | Disruptive Technologien, die durch Patente mit einem breiten Schutzbereich abgesichert sind, sind ein wichtiger Erfolgsfaktor für Spin-Off-Gründungen. Der Einfluss hängt jedoch von der Konzentration der Märkte ab. |
| O´Shea, Rory P. et al. 2005 | Spin-Offs aus 141 amerikanischen Universitäten | Einen positiven Einfluss auf eine Spin-Off-Gründung haben eine hohe Qualität der Fakultäten, eine starke Basis in den Natur- und Ingenieurwissenschaften, Industriesponsoring und vorhandene Ressourcen zur Kommerzialisierung (z. B. Inkubatoren). |

| | | |
|---|---|---|
| Pérez Pérez, Manuela; Sánchez Martínez, Angel 2003 | 10 Spin-Offs aus spanischen Universitäten | Spin-Offs mit guten Beziehungen zu Kunden, Investoren und Universitäten sowie starken FuE-Aktivitäten sind erfolgreicher. |
| Riesenhuber, Felix et al. 2006 | 73 Spin-Offs aus deutschen Universitäten | Eine große technische Unsicherheit wirkt sich negativ auf den Erfolg von Spin-Offs aus. Dieser Effekt verstärkt sich bei hoher unternehmerischer Orientierung und sinkt bei Vorhandensein eines guten Netzwerks. |
| Riesenhuber, Felix 2008 | 93 akademische Spin-Offs aus Deutschland | Erfolg ist ein unternehmerisches Problem der Entstehung, Entdeckung und Nutzung von Chancen. Diese Chancen beruhen auf technologischem Wissen, dem Gründerteam und dem Aufbau von Netzwerken. Die Technologie schafft die Grundlage für nachhaltig hohes Wachstum. Zur Verwirklichung sind unternehmerisches Verhalten und Netzwerke notwendig. |
| Roberts, Edward B. 1991 | Studien mit Spin-Offs aus amerikanischen Universitäten | Spin-Offs werden umfassend charakterisiert. Der Familienhintergrund, das Alter und die Ausbildung haben keinen Einfluss auf den Erfolg von Spin-Offs. Spin-Off-Gründer weisen eine höhere Publikationsleistung und Patentierungsaktivität auf als andere Wissenschaftler. Die Berufserfahrung wirkt sich positiv auf den Erfolg aus. |
| Roberts, Edward B.; Malone, Denis E. 1996 | Studien mit Spin-Offs aus amerikanischen Universitäten | Vergleich verschiedener Spin-Off-Modelle und Spin-Off-Aktivitäten amerikanischer Universitäten |
| Samsom, Karel J.; Gurdon, Michael A. 1993 | 22 Spin-Offs aus amerikanischen und kanadischen Universitäten | Die unterschiedlichen Wertesysteme von Wissenschaftlern und Unternehmern führen zu Spannungen in der Beziehung zwischen Spin-Off-Gründer und Mutterorganisation. Zudem fehlen dem Wissenschaftler vielfach unternehmerische Qualifikationen. |

| | | |
|---|---|---|
| Shane, Scott 2001 | 1.397 Patente des MIT, USA | Disruptive Technologien und Inventionen mit einem breiten Schutzbereich werden vermehrt durch Spin-Offs kommerzialisiert (anstatt lizenziert). |
| Shane, Scott; Stuart, Toby 2002 | 134 Spin-Offs aus dem MIT, USA | Die Anzahl der Patente, die ein Spin-Off zum Zeitpunkt der Gründung hält und deren Exklusivität wirken sich positiv auf den Erfolg aus. Dies gilt ebenfalls für die Branchenerfahrung in der Industrie und die Netzwerke der Gründer. |
| Shane, Scott 2004 | Verschiedene Studien mit Spin-Offs aus amerikanischen Universitäten | Es wird ein umfassender Überblick über die Gründung und Entwicklung von Spin-Offs in den USA gegeben. Analysiert werden Gründerpersönlichkeiten, Technologien, Branchen, Mutterorganisationen, Finanzierung sowie Erfolgsfaktoren und Hemmnisse. |
| Steffensen, Morten et al. 1999 | 6 Spin-Offs aus der Universität Mexiko | Die meisten Konflikte zwischen Spin-Off-Gründern und Mutterorganisation entstehen aufgrund von Unstimmigkeiten über Patente. |
| Szyperski, Nobert; Klandt, Heinz 1981 | 264 Wissenschaftler deutscher Universitäten | Identifiziert werden Erfolgsfaktoren und Potenziale von Spin-Offs. Als sehr wichtiger Erfolgsfaktor wird die Einstellung der Wissenschaftler gesehen. |
| Van de Velde, Els et al. 2008 | 73 akademische Spin-Offs aus Belgien | Akademische Spin-Offs sind erfolgreicher, wenn ihre Technologie einen breiten Anwendungsbereich abdeckt und einen niedrigen Innovationsgrad aufweist. |
| Wippler, Armgard 1998 | Verschiedene Studien mit Hightech-Gründungen aus Deutschland und den USA | Studien zu Hightech-Gründungen in Deutschland und den USA werden klassifiziert und bewertet. Die Schwerpunkte der deutschen Studien liegen auf der Erhältlichkeit finanzieller und nicht-finanzieller Ressourcen, gefolgt von Merkmalen der Gründerperson. |

| Wright, Mike et al. 2007 | Verschiedene Studien mit Spin-Offs aus verschiedenen europäischen Ländern | Es wird ein Überblick über Gründung und Entwicklung von Spin-Offs in Europa gegeben. Betrachtet werden Gründerpersönlichkeiten, Technologien, Mutterorganisationen, Technologietransferstellen, Finanzierung, Erfolgs- und Hemmnisfaktoren. |
|---|---|---|
| Zucker, Lynne G. et al. 2002 | 112 „star scientists" | Eine größere Anzahl an gemeinsamen Veröffentlichungen von „star scientists" sowie eine Venture Capital Finanzierung erhöhen den Erfolg von Spin-Offs. |

## A2. Interviews: Befragte Personen und Fragebogen

Anhand des Fragebogens wurden fünf problemzentrierte Interviews mit Experten und einem Spin-Off-Gründer geführt. Die Interviews dauerten eine bis eineinhalb Stunden. Die Gesprächsinhalte wurden während des Interviews von der Verfasserin handschriftlich protokolliert und anschließend systematisch ausgewertet.

### Befragte Personen

| Name, Funktion | Spin-Off bezogene Tätigkeiten | Organisation |
|---|---|---|
| Arndt, Werner Geschäftsführer | 10 Jahre Leitung des Münchener Business Plan Wettbewerbs; eine Hauptzielgruppe sind Spin-Offs | Münchener Business Plan Wettbewerb GmbH (MBPW), München |
| Hackl, Christian Geschäftsführer | Technologietransfer, Beratung von Spin-Off-Gründern | TUM-tech GmbH, München |
| Liecke, Michael Leiter des Referats Grundsatzfragen der Forschungs- und Wissenschaftspolitik | Forschung, Marktbeobachtung, deutsche Innovationspolitik | Deutscher Industrie- und Handelskammertag (DIHK), Berlin |
| Heidenreich, Anna Maria Leiterin des Referats Innovations- und Technologiepolitik, Außenwissenschaftspolitik | Fördermittel, Europäische Innovationspolitik | |

| Sporer, Norbert Geschäftsführer | Spin-Off-Gründung (Mutter-organisation: Deutsches Zentrum für Luft- und Raumfahrt DLR), Entwicklung, Firmen-leitung | Sensodrive GmbH, Weßling |
|---|---|---|
| Strathmann, Frank W.; Leiter Kontaktstelle für Forschungs- und Techno-logietransfer (KFT) | 16 Jahre Erfahrung im Tech-nologietransfer und bei Spin-Off-Gründungen; 33 Mitar-beiter in der KFT Vorstand von GründerRegio M, einer Initiative der Wis-senschafts- und Wirtschafts-region München zur Förde-rung von hochschulnahen Unternehmensgründungen | Ludwig-Maximilians-Universität München, München |

**Fragebogen zu den Interviews**

**Expertengespräch zum Thema „Spin-Offs"**

Thema der Studie: „Spin-Offs: Wie Wissenschaftler zu Unternehmern werden. Erfolgsfaktoren akademischer Spin-Offs mit besonderer Berücksichtigung der Gründerpersönlichkeit und des Transferobjekts"

## Hintergrund

Ziel der Studie ist es, akademische Spin-Offs, definiert als Ausgründungen aus Hochschulen und Forschungsorganisationen durch Wissenschaftler, transparenter zu machen. Hierbei werden vorwiegend sog. Hightech-Spin-Offs betrachtet, d. h. Spin-Offs aus den technologieintensiven Wirtschafts-zweigen des verarbeitenden Gewerbes. Anhand verschiedener Studien wer-den mögliche Erfolgsfaktoren von Spin-Offs ermittelt und die Anforderun-gen an die Wissenschaftler dargestellt. Die Studie legt ihren Schwerpunkt auf zwei für Hightech-Spin-Offs sehr wichtige Erfolgsfaktoren: die Grün-derpersönlichkeit und das Transferobjekt.

Die qualitativen Interviews werden mit Experten und Spin-Off-Gründern geführt. Sie dienen dazu, offene Fragen zu klären, Ergebnisse aus anderen Studien punktuell zu bestätigen sowie unterstützende, plastische Beispiele zu generieren.

**Bitte geben Sie hier Ihre persönlichen Erfahrungen und Einschätzun-gen an; repräsentative Aussagen sind weniger wichtig!**

## Interviewdatum

**Angaben zur Person**

| | |
|---|---|
| Name | _____ |
| Funktion | _____ |
| Organisation | _____ |
| Kontaktdaten (Tel., E-Mail) | _____ |
| Spin-Off bezogene Tätigkeiten | _____ |

## A. Allgemeine Fragen zur Gründung von Spin-Offs

1. Tragen Spin-Offs zu Wachstum und Wohlstand bei? Inwiefern?

2. Was sind die zentralen Erfolgsfaktoren bei der Gründung von Spin-Offs?
   Bitte nennen und begründen Sie mindestens 3 Erfolgsfaktoren.

3. Was sind die zentralen Hemmnisse bei der Gründung von Spin-Offs?
   Bitte nennen und begründen Sie mindestens 3 Hemmnisse.

## B. Fragen zum Erfolgsfaktor „Gründerpersönlichkeit"

Die Gründerpersönlichkeit, d. h. der Wissenschaftler, hat einen entscheidenden Einfluss auf den Erfolg oder Misserfolg einer Spin-Off-Gründung.

1. Wie schätzen Sie die Qualifikation und das Fachwissen von Spin-Off-Gründern ein? Wo liegen besondere Stärken, wo besondere Schwächen?

2. Teamgründungen sind bei Hightech-Spin-Offs die Regel. Wie setzen sich die Gründerteams zusammen? Wie kommt die Teambildung zustande? Welche Vor- und Nachteile sehen Sie bei Teamgründungen?

3. Durch welche Motive werden Spin-Off-Gründer angetrieben?
   Bitte nennen und begründen Sie mindestens 3 Motive.

4. Wo sehen Sie die größten „Lücken" hinsichtlich der Qualifikation/Motivation von Wissenschaftlern und den Anforderungen an Unternehmer?
   Bitte nennen und begründen Sie mindestens 3 „Lücken".

## C. Fragen zum Erfolgsfaktor „Transferobjekt"

Das Transferobjekt ist das Forschungsergebnis/Produkt in seinem jeweiligen Entwicklungsstand, das den Spin-Off-Gründern von der Mutterorganisation überlassen wird.

1. Wie erkennen Spin-Off-Gründer, dass es sich um eine Invention handelt?

Wie erkennen sie, dass diese marktlich verwertet werden kann?

2. Charakterisieren Sie das „durchschnittliche" Transferobjekt hinsichtlich
   - Entwicklungsreife
   - Neuigkeitsgrad
   - Anwendungsmöglichkeiten

3. Werden Schutzrechtstrategien angewendet und wenn ja, welche?

4. Worin liegen die größten Herausforderungen, um aus einem Transferobjekt ein vermarktungsfähiges Produkt zu generieren? Bitte nennen und begründen Sie mindestens 3 Herausforderungen.

### D. Fragen zur Förderung der Qualität und Quantität von Spin-Off-Gründungen

1. Welche Maßnahmen können die Motivation der Wissenschaftler für eine Spin-Off-Gründung steigern?

2. Welche Maßnahmen können die Qualifikation der Wissenschaftler für eine Spin-Off-Gründung steigern?

3. Wie lässt sich die Teambildung optimieren?

4. Wie können die Transferobjekte sinnvoll hinsichtlich ihrer Funktionsfähigkeit und ihres Marktpotenzials bewertet werden?

5. Welche Schutzrechtstrategien halten Sie für sinnvoll?

6. Welche Maßnahmen sind denkbar, um die Reife des Transferobjekts bereits innerhalb der Mutterorganisation zu erhöhen?

7. Welche Handlungsempfehlungen würden Sie Wissenschaftlern geben, die an einer Spin-Off-Gründung interessiert sind? Bitte nennen und diskutieren Sie mindestens 3 Handlungsempfehlungen.

# Literaturverzeichnis

Abramson, Norman H.; Encarnacao, José; Reid, Proctor P; Schmoch, Ulrich (1997): Technology Transfer Systems in the United States and Germany. Lessons and Perspectives, Washington, D.C.

ADT – Arbeitsgemeinschaft Deutscher Technologie- und Gründerzentren e.V. (1998) (Hrsg.): ATHENE-Projekt. Ausgründungen technologieorientierter Unternehmen aus Hochschulen und außeruniversitären Forschungseinrichtungen, Berlin

Arndt, Werner (2008): persönliches Interview im Rahmen der Studie am 17.12.2008

Ascenion GmbH (2008): www.ascenion.de (aufgerufen am 21.09.2008)

Audretsch, David B. (1991): New-Firm Survival and the Technological Regime, in: The Review of Economics and Statistics, Jg. 73, Nr. 3, S. 441-450

Auer, Michael (2007): Transferunternehmertum. Erfolgreiche Organisation des Technologietransfers, 2. Auflage, Stuttgart

Autio, Erkko (1997): New, technology-based firms in innovation networks symplectic and generative impact, in: Research Policy, Jg. 26, Nr. 3, S. 263-281

Autio, Erkko; Lumme, Annareetta (1998): Does the Innovator Role Affect the Perceived Potential for Growth? Analysis of Four Types of New, Technology-based Firms, in: Technology Analysis & Strategic Management, Jg. 10, Nr. 1, S. 41-54

Baaken, Thomas (1989): Bewertung technologieorientierter Unternehmensgründungen. Kriterien und Methoden zur Bewertung von Gründerpersönlichkeit, Technologie und Markt für Banken und Venture-Capital-

Gesellschaften sowie für die staatliche Wirtschafts- und Technologieförderung, Berlin

Backhaus, Klaus; Voeth, Markus (2003): Industriegütermarketing, 7. Auflage, München

Barnett, Homer G. (1953): Innovation. The Basis of Cultural Change, New York

Barney, J. (1991): Firm Resources and Competitive Advantage, in: Journal of Management, Jg. 17, Nr. 1, S. 99-120

Beck, Josef (2003): Patent- und Markenstrategien für Unternehmensgründer, in: Dowling, Michael; Drumm, Hans Jürgen (Hrsg.): Gründungsmanagement. Vom erfolgreichen Unternehmensstart zum dauerhaften Wachstum, 2. Auflage, Berlin, S. 261-290

Benkenstein, Martin; von Stenglin, Ariane (2008): Die Besonderheiten des Gründermarketings für Technologieunternehmen, in: Freiling, Jörg; Kollmann, Tobias (Hrsg.): Entrepreneurial Marketing. Besonderheiten, Aufgaben und Lösungsansätze für Gründungsunternehmen, Wiesbaden, S. 185-200

Berndts, Peter; Harmsen, Dirk-Michael (1985): Technologieorientierte Unternehmensgründungen in Zusammenarbeit mit staatlichen Forschungseinrichtungen, Köln

bionity.com (2008): http://www.bionity.com/news/d/87796 (aufgerufen am 19.11.2008)

Blanchard, Olivier; Illing, Gerhard (2006): Makroökonomie, 4. Auflage, München

Blum, Ulrich; Leibbrand, Frank (2001) (Hrsg.): Entrepreneurship und Unternehmertum. Denkstrukturen für eine neue Zeit, Wiesbaden

Börensen, Rainer (2006): Wissenstransfer aus der Hochschule. Existenz-gründungen aus den Hochschulen nach der Hochschulphase als Fallstudie, Tübingen

Bower, Joseph L.; Christensen, Clayton M. (1995): Disruptive Technologies: Catching the Wave, in: Harvard Business Review, Jg. 73, Nr. 1, S. 43-53

Brandis, Hendrik (2008): entrepreneure im Dialog, Kamingespräche mit Unternehmern & Investoren, Veranstaltung des Münchener Business Plan Wettbewerbs am 28.04.2008

Breuer, Barbara (2006): Unternehmensgründung als Berufsperspektive für Hochschulabsolventen und Wissenschaftler, in: Oppelland, Hans J. (Hrsg.): Deutschland und seine Zukunft. Innovation und Veränderung in Bildung, Forschung und Wirtschaft, Lohmar, S. 75-98

Brockhoff, Klaus K. (1999): Forschung und Entwicklung. Planung und Kontrolle, 5. Auflage, München

Brüderl, Josef; Preisendörfer, Peter; Ziegler, Rolf (2007): Der Erfolg neuge-gründeter Betriebe – Eine empirische Studie zu den Chancen und Risiken von Unternehmensgründungen, 3. Auflage, Berlin

Bundesministerium für Bildung und Forschung (BMBF) (Hrsg.) (2005): Wissens- und technologieorientiertes Gründungsgeschehen. Kienbaum-Bestandsaufnahme für eine Weiterentwicklung von EXIST, Bonn

Bundesministerium für Bildung und Forschung (BMBF) (2008): www.bmbf.de/de/655.php (aufgerufen am 19.11.2008)

Bygrave, William D. (1998): Die einzelnen Stufen des Entrepreneurship, in: Faltin, Günter; Ripsas, Sven; Zimmer, Jürgen (Hrsg.): Entrepreneurship. Wie aus Ideen Unternehmen werden, München, S. 113-139

Chandler, Gaylen N.; Jansen, Erik (1992): The Founder´s self-assessed Competence and Venture Performance; in: Journal of Business Venturing, Jg. 7, Nr. 3, S. 223-236

Chiesa, Vittorio; Piccaluga, Andrea (2000): Exploitation and diffusion of public research: the case of academic spin-off companies in Italy, in: R&D Management, Vol. 30, No. 4, S. 329-339

Colyvas, Jeannette; Crow, Michael; Gelijns, Annetine; Mazzoleni, Roberto; Nelson, Richard R.; Rosenberg, Nathan; Sampat, Bhaven N. (2002): How do University Inventions get into Practice?, in: Management Science, Jg. 48, Nr. 1, S. 61-72

Cooper, Sarah Y.; Park, John S. (2008): The Impact of "Incubator" Organizations on Opportunity Recognition and Technology Innovation in New, Entrepreneurial High-technology Ventures, in: International Small Business Journal, Jg. 26, Nr. 1, S. 27-56

Cuyvers, Rudi (2005): Commercialisation of research results and its key actors, in: Teichert, Jörg; Krieger, Fritz; Hanny, Sebastian (Hrsg.): Gründungsförderung an Hochschulen. Beispiele, Bedingungen, Beteiligte, Münster, S. 33-44

Czarnitzki, Dirk; Glänzel, Wolfgang; Hussinger, Katrin (2007): Heterogeneity of Patenting Activity and its Implications for Scientific Research, ZEW-Discussion Paper Nr. 20-028, ftp://ftp.zew.de/pub/zew-docs/dp/dp07028.pdf (aufgerufen am 27.09.2008)

Di Gregorio, Dante; Shane, Scott (2003): Why do some universities generate more start-ups than others?, in: Research Policy, Jg. 32, Nr. 2, S. 209-227

Dippe, Andreas; Müller, Thilo A. (2005): Unternehmensgründungen und ihre Unterstützung durch Gründerwettbewerbe, in: Gemünden, Hans G.; Salomo, Sören; Müller, Thilo (Hrsg.): Entrepreneurial Excellence. Unternehmertum, unternehmerische Kompetenz und Wachstum junger Unternehmen, Wiesbaden, S. 293-327

Doppelberger, Thomas; Schwind, Tobias (2007): Erfolgskriterien, Probleme und Perspektiven bei Ausgründungen im Team, in: Pechlaner, Harald; Hinterhuber, Hans H.; von Holzschuher, Wolf; Hammann, Eva-Maria (Hrsg.): Unternehmertum und Ausgründung. Wissenschaftliche Konzepte und praktische Erfahrungen, Wiesbaden, S. 229-243

Drucker, Peter F. (1985): Source: New Knowledge, in: Innovation and Entrepreneurship: Practice and Principles, New York, S. 107-129

Drucker, Peter F. (2004): Innovation and Entrepreneurship: Practice and principles, 2. Auflage, Oxford

Egeln, Jürgen; Gottschalk, Sandra; Rammer, Christian; Spielkamp, Alfred (2003): Spinoff-Gründungen aus der öffentlichen Forschung in Deutschland, Baden-Baden

Egeln, Jürgen; Fryges, Helmut; Gottschalk, Sandra; Rammer, Christian (2007): Dynamik von akademischen Spinoff-Gründungen in Österreich, ZEW-Dicussion Paper Nr. 07021, ftp://ftp.zew.de/pub/zew-docs/dp/dp07021.pdf (aufgerufen am 27.09.2008)

Ensley, Michael D.; Hmieleski, Keith M. (2005): A comparative study of new venture top management team composition, dynamics and performance between university-based and independent start-ups, in: Research Policy, Jg. 34, Nr. 7, S. 1091-1105

Enßlin, Klaus J. (1989): Technologische Spin-off-Effekte aus der Raumfahrt. Vom staatspolitischen Anspruch zum unternehmenspolitischen Problem, Frankfurt am Main

EXIST – Existenzgründung aus Hochschulen (2008): www.exist.de (aufgerufen am 30.09.2008)

Fallgatter, Michael J. (2007): Junge Unternehmen. Charakteristika, Potenziale, Dynamik, Stuttgart

Faltin, Günter; Zimmer, Jürgen (1998): Versäumte Lektionen: Entrepreneurship, in: Faltin, Günter; Ripsas, Sven; Zimmer, Jürgen (Hrsg.): Entrepreneurship. Wie aus Ideen Unternehmen werden, München, S. 245-267

Feller, Irwin (1990): Universities as engines of R&D-based economic growth: They think they can, in: Research Policy, Jg. 19, Nr. 3, S. 335-348

Fichtel, Roland (1997): Technologietransfer für Klein- und Mittelbetriebe, Wiesbaden

Foster, Richard N. (1986): Innovation. Die technologische Offensive, Wiesbaden

Frank, Andrea; Meyer-Guckel, Volker; Schneider, Christoph (2007): Innovationsfaktor Kooperation. Bericht des Stifterverbandes zur Zusammenarbeit zwischen Unternehmen und Hochschulen, Essen

Fraunhofer Gesellschaft (2008): www.fraunhofer.de (aufgerufen am 21.09.2008)

Fraunhofer-Venture-Gruppe (2008): www.fraunhofer.de/institute/spin-offs/index.jsp (aufgerufen am 21.09.2008)

Freiling, Jörg (2006): Entrepreneurship. Theoretische Grundlagen und unternehmerische Praxis, München

Freiling, Jörg; Reckenfelderbäumer, Martin (2007): Markt und Unternehmung. Eine marktorientierte Einführung in die Betriebswirtschaftslehre, 2. Auflage, Wiesbaden

Fritsch, Michael; Grotz, Reinhold (Hrsg.) (2002): Das Gründungsgeschehen in Deutschland – Darstellung und Vergleich der Datenquellen, Heidelberg

Fryges, Helmut; Gottschalk, Sandra; Licht, Georg; Müller Kathrin (2007): Hightech-Gründungen und Business Angels, Mannheim

Garvin, David A. (1983): Spin-Offs and the New Firm Formation Process, in: California Management Review, Jg. 25, Nr. 2, S. 3-20

Gemünden, Hans G.; Konrad, Elmar D. (2000): Unternehmerisches Verhalten als ein bedeutender Erfolgsfaktor von technologieorientierten Unternehmensgründungen. Eine kritische Würdigung von Erklärungsansätzen verschiedener Modellkonstrukte, in: Die Unternehmung. Schweizerische Zeitschrift für betriebswirtschaftliche Forschung und Praxis, Jg. 54., Nr. 4, S. 247-272

Gerpott, Torsten J. (2005): Strategisches Technologie- und Innovationsmanagement, 2. Auflage, Stuttgart

Gottschalk, Sandra; Fryges, Helmut; Metzger, Georg; Heger, Diana; Licht, Georg (2007): Start-ups zwischen Forschung und Finanzierung: Hightech-Gründungen in Deutschland, Mannheim

GründerRegio M (2008): www.gr-m.de (aufgerufen am 30.09.2008)

Gübeli, Manuel H.; Doloreux, David (2005): An empirical study of university spin-off development, in: European Journal of Innovation Management, Jg. 8, Nr. 3, S. 269-282

Gupte, Manoj A. (2007): Success of University Spin-Offs. Network Activities and Moderating Effects of Internal Communication and Adhocracy, Wiesbaden

Hackl, Christian (2008): persönliches Interview im Rahmen der Studie am 16.12.2008

Haft, Dirk (2008): entrepreneure im Dialog, Kamingespräche mit Unternehmern & Investoren, Veranstaltung des Münchener Business Plan Wettbewerbs am 29.04.2008

Hammann, Eva-Maria; Pacher, Johann M. (2005): Vergleich unterschiedlicher Wege der unternehmerischen Ausbildung an Hochschulen, in: Pechlaner, Harald; Hinterhuber, Hans H.; Hammann, Eva-Maria: Unternehmertum und Unternehmensgründung. Grundlagen und Fallstudien, Wiesbaden, S. 81-105

Hauschildt, Jürgen (1997): Innovationsmanagement, 2. Auflage, München

Heidrich, Wolfgang (1997): Technologieorientierte Unternehmensgründungen aus Hochschulen und Forschungseinrichtungen, in: Heidrich, Wolfgang; Klein, Thomas (Hrsg.): Campus Companies. Innovative Modelle der Zusammenarbeit zwischen Hochschule und Unternehmen, Köln, S. 9-77

Heirman, Ans; Clarysse, Bart (2004): How and why do research-based start-ups differ at founding? A resource-based configurational perspective, in: The Journal of Technology Transfer, Jg. 29, S. 247-268

Helmholtz-Gemeinschaft Deutscher Forschungszentren (2008): www.helmholtz.de (aufgerufen am 21.09.2008)

Hemer, Joachim; Berteit, Herbert; Walter, Gerd; Göthner, Maximilian (2006): Erfolgsfaktoren für Unternehmensausgründungen aus der Wissenschaft. Success Factors for Academic Spin-offs, Stuttgart

Hemer, Joachim; Schleinkofer, Michael; Göthner, Maximilian (2007): Akademische Spin-offs – Erfolgsbedingungen für Ausgründungen aus Forschungseinrichtungen, Berlin

Heydebreck, Peter; Klofsten, Magnus; Maier, Jan C. (2000): Innovation support for new technology-based firms: the Swedish Teknopol approach, in: R&D Management, Jg. 30, Nr. 1, S. 89-100

High-Tech-Gründerfonds (2008): www.high-tech-gruenderfonds.de (aufgerufen am 22.11.2008)

Hindle, Kevin; Yencken, John (2004): Public research commercialisation, entrepreneurship and new technology based firms: an integrated model, in: Technovation, Jg. 24, Nr. 10, S. 793-803

Holtz-Eakin, Douglas (2000): Public Policy Toward Entrepreneurship, in: Small Business Economics, Jg. 15, Nr. 4, S. 283-291

IHK für München und Oberbayern (2008): www.muenchen.ihk.de/internet/mike/ihk_geschaeftsfelder/starthilfe/Unternehmensgruendung/Foerderung_und_Beratung_fuer_Gruender/Coaching/Vorgruendungscoaching.html (aufgerufen am 21.11.2008)

IZB Innovations- und Gründerzentrum Biotechnologie Martinsried Freising (2008): www.izb-online.de (aufgerufen am 10.12.2008)

Isfan, Katrin; Moog, Petra (2003): Deutsche Hochschulen als Gründungsinkubatoren, Wiesbaden

Jonas, Michael (2000): Brücken zum Elfenbeinturm. Mechanismen des Wissens- und Technologietransfers aus Hochschulen, Berlin

KfW Mittelstandsbank (2008): www.kfw-mittelstands-bank.de/DE_Home/Beratungsangebot/Beratungsfoerderung/Gruendercoaching_Deutschland/index.jsp (aufgerufen am 21.11.2008)

Kirschbaum, Günter (1990): Gründungsmotivation, in: Szyperski, Norbert; Roth, Paul (Hrsg.): Entrepreneurship. Innovative Unternehmensgründung als Aufgabe, Stuttgart, S. 79-87

Klandt, Heinz (1990): Das Leistungsmotiv und verwandte Konzepte als wichtige Einflußfaktoren der unternehmerischen Aktivität, in: Szyperski, Norbert; Roth, Paul (Hrsg.): Entrepreneurship. Innovative Unternehmensgründung als Aufgabe, Stuttgart, S. 88-96

Klandt, Heinz (2006): Gründungsmanagement: Der Integrierte Unternehmensplan. Business Plan als zentrales Instrument für die Gründungsplanung, 2. Auflage, München

Knecht, Thomas C. (1998): Universitäten als Inkubatororganisationen für innovative Spin-off Unternehmen. Ein theoretischer Bezugsrahmen und die Ergebnisse einer empirischen Bestandsaufnahme in Bayern, Köln

Knecht, Thomas C. (2003): Bewertung innovativer Spin-off-Unternehmen. Eine empirische Analyse zur Quantifizierung von Werttreibern aus der Perspektive eines externen Investors, Berlin

Kohler, Michael (2005): Existenzgründungen mit Hochschulpatenten. Beteiligungsmöglichkeiten von Hochschulen, in: Teichert, Jörg; Krieger, Fritz; Hanny, Sebastian (Hrsg.): Gründungsförderung an Hochschulen. Beispiele, Bedingungen, Beteiligte, Münster, S. 105-116

Konegen-Grenier, Christiane; Winde, Mathias A. (2002): Hochschulunternehmen. Ergebnisse einer empirischen Befragung, Köln

Kroy, Walter (1995): Technologiemanagement für grundlegende Innovationen, in: Zahn, Erich (Hrsg.): Handbuch Technologiemanagement, Stuttgart, S. 57-79

Kulicke, Marianne et al. (1993): Chancen und Risiken junger Technologieunternehmen. Ergebnisse des Modellversuchs „Förderung technologieorientierter Unternehmensgründungen", Heidelberg

Kulicke, Marianne; Schleinkofer, Michael (2008): EXIST-SEED – Gründungsförderung hat sich gelohnt, in: Bundesministerium für Wirtschaft und Technologie (BMWi) (Hrsg.): EXIST-news, Nr. 3, S. 5-9

Kutschker, Michael; Schmid, Stefan (2006): Internationales Management, 5. Auflage, München

Lechler, Thomas; Gemünden, Hans G. (2003): Gründerteams. Chancen und Risiken für den Unternehmenserfolg, Heidelberg

Lee, Young; Gaertner, Richard (1994): Technology Transfer from University to Industry: A Large-Scale Experiment with Technology Development and Commercialization, in: Policy Studies Journal, Jg. 22, Nr. 2, S. 384-400

Leibniz Gemeinschaft (2008): www.wgl.de (aufgerufen am 21.09.2008)

Leibniz X (2008): www.wgl.de/?nid=ttf&nidap (aufgerufen am 21.09.2008)

Leo GmbH (2008): Deutsch-Englisch-Deutsch Wörterbuch, http://dict.leo.org (aufgerufen am 07.09.2008)

Liecke, Michael; Heidenreich, Maria Anna (2008): telefonisches Interview im Rahmen der Studie am 08.12.2008

Liles, Patrick R. (1974): Who are the Entrepreneurs?, in: MSU Business Topics, Jg. 22, Nr. 1, S. 5-14

Lindhofer, Horst (2008): entrepreneure im Dialog, Kamingespräche mit Unternehmern & Investoren, Veranstaltung des Münchener Business Plan Wettbewerbs am 23. September 2008

Linton, Jonathan D.; Walsh, Steven T. (2008): Acceleration and Extension of Opportunity Recognition for Nanotechnologies and Other Emerging Technologies, in: International Small Business Journal, Jg. 26, Nr. 1, S. 83-99

Lockett, Andy; Wright, Mike; Franklin, Stephen (2003): Technology Transfer and Universities´ Spin-Out Strategies, in: Small Business Economics, Jg. 20, Nr. 2, S. 185-200

Ludwig-Maximilians-Universität München (LMU), Kontaktstelle für Forschungs- und Technologietransfer (KFT) (2008): www.uni-muenchen.de/kft (aufgerufen am 20.11.2008)

Mahar, James F.; Coddington, Dean C. (1965): The Scientific Complex – Proceed with Caution, in: Harvard Business Review, Jg. 43, Nr. 1, S. 140-155

Marvel, Matthew R.; Lumpkin, G. Tom (2007): Technology Entrepreneurs´ Human Capital and its Effects on Innovation Radicalness, in: Entrepreneurship Theory and Practice (ET&P), Jg. 31, Nr. 6, S. 807-827

Mathes, Christian (2007): Universitäre Ausgründungen als Motor einer dynamischen Innovationslandschaft, in: Pechlaner, Harald; Hinterhuber, Hans H.; von Holzschuher, Wolf; Hammann, Eva-Maria (Hrsg.): Unternehmertum und Ausgründung. Wissenschaftliche Konzepte und praktische Erfahrungen, Wiesbaden, S. 199-213

Max-Planck-Gesellschaft 2008: www.mpg.de (aufgerufen am 21.09.2008)

Max-Planck-Innovation 2008: www.max-planck-innovation.de (aufgerufen am 21.09.2008)

Mayring, Philipp (2002): Einführung in die qualitative Sozialforschung, 5. Auflage, Weinheim

McClelland, David C. (1965): N Achievement and Entrepreneurship. A Longitudinal Study, in: Journal of Personality and Social Psychology, Jg. 1, Nr. 4, S. 389-392

McQueen, Douglas H; Wallmark, Torkel J. (1991): University Technical Innovation: Spin-offs and Patents in Göteborg, Sweden, in: Brett, Alistair M.; Gibson, David V.; Smilor, Raymond W. (Hrsg.): University Spin-off Companies. Economic Development, Faculty Entrepreneurs, and Technology Transfer, Savage, Maryland, S. 103-115

Mellewigt, Thomas; Späth, Julia F. (2005): Entrepreneurial Teams. A Survey of German and US Empirical Studies, in: Gemünden, Hans G.; Salomo, Sören; Müller, Thilo (Hrsg.): Entrepreneurial Excellence. Unternehmertum, unternehmerische Kompetenz und Wachstum junger Unternehmen, Wiesbaden, S. 145-168

Metzger, Georg; Niefert, Michaela; Licht, Georg (2008): High-Tech-Gründungen in Deutschland. Trends, Strukturen, Potenziale, Mannheim

Müller, Bettina (2006): Human Capital and Successful Academic Spin-Off, ZEW-Discussion Paper Nr. 06-081, ftp://ftp.zew.de/pub/zew-docs/dp/dp06081.pdf (aufgerufen am 14.09.2008)

Müller, Kathrin (2008): University Spin-Off's Transfer Speed – Analyzing the Time from Leaving University to Venture, ZEW-Discussion Paper Nr. 08-034, ftp://ftp.zew.de/pub/zew-docs/dp/dp08034.pdf (aufgerufen am 14.09.2008)

Müller-Böling, Detlef; Klandt, Heinz (1990): Bezugsrahmen für die Gründungsforschung mit einigen empirischen Ergebnissen, in: Szyperski, Norbert; Roth, Paul (Hrsg.): Entrepreneurship. Innovative Unternehmensgründung als Aufgabe, Stuttgart, S. 143-170

Münchener Business Plan Wettbewerb (MBPW) (2008): www.mbpw.de (aufgerufen am 21.11.2008)

Murtha, Thomas P.; Lenway, Stefanie A.; Hart, Jeffrey, A. (2001): Managing New Industry Creation. Global Knowledge Formation and Entrepreneurship in High Technology, Stanford, California

Mustar, Philippe; Renault, Marie; Colombo, Massimo G.; Piva, Evila; Fontes, Margarida; Lockett, Andy; Wright, Mike; Clarysse, Bart; Moray, Nathalie (2006): Conceptualising the heterogeneity of research-based spin-offs: A multi-dimensional taxonomy, in: Research Policy, Jg. 35, Nr. 2, S. 289-308

Nathusius, Klaus (2006): Elite der Universitäten, der Unternehmer und des Technologietransfers. Zusammenhänge, Anforderungen und Lösungsansätze moderner Kommerzialisierungsverfahren und -strukturen, in: Oppelland, Hans J. (Hrsg.): Deutschland und seine Zukunft. Innovation und Veränderung in Bildung, Forschung und Wirtschaft, Lohmar, S. 149-188

Nerkar, Atul; Shane, Scott (2003): When do start-ups that exploit patented academic knowledge survive?, in: International Journal of Industrial Organization, Jg. 21, Nr. 9, S. 1391-1410

Nerkar, Atul; Shane, Scott (2007): Determinants of Invention Commercialization: An Empirical Examination of Academically sourced Inventions, in: Strategic Management Journal, Jg. 28, Nr. 11, S. 1155-1166

Nicolai, Alexander; Kieser, Alfred (2002): Trotz eklatanter Erfolglosigkeit. Die Erfolgsfaktorenforschung weiter auf Erfolgskurs, in: Die Betriebswirtschaft, Jg. 62, Nr. 6, S. 579-596

O'Shea, Rory P.; Allen, Thomas J.; Chevalier, Arnaud; Roche, Frank (2005): Entrenpreneurial orientation, technology transfer and spinoff performance of U.S. universities, in: Research Policy, Jg. 34, Nr. 7, S. 994-1009

o.V. (2002): Gesetz für Arbeitnehmererfindungen (ArbNErfG), www.gesetze-im-internet.de/arbnerfg/index.html (aufgerufen am 21.09.2008)

o.V. (2008): Patentgesetz, www.gesetze-im-internet.de/patg/index.html (aufgerufen am 21.11.2008)

Pérez Pérez, Manuela; Sánchez Martínez, Angel (2003): The development of university spin-offs: early dynamics of technology transfer and networking, in: Technovation, Jg. 23, Nr. 10, S. 823-831

Pfeiffer, Werner; Dögl, Rudolf (1990): Das Technologie-Portfolio-Konzept zur Beherrschung der Schnittstelle Technik und Unternehmensstrategie, in: Hahn, Dietger; Taylor, Bernard (Hrsg.): Strategische Unternehmensplanung, Strategische Unternehmensführung. Stand und Entwicklungstendenzen, 5. Auflage, Heidelberg, S. 254-282

Pfeiffer, Werner; Weiß, Enno (1995): Methoden zur Analyse und Bewertung technologischer Analysen, in: Zahn, Erich (Hrsg.): Handbuch Technologiemanagement, Stuttgart, S. 663-679

Pinkwart, Andreas (2002): Die Einbindung von Hochschulen in regionale Gründungsnetzwerke. Ein Forschungsbericht, in: Heinze, Rolf G.; Schulte, Frank (Hrsg.): Unternehmensgründungen: Zwischen Inszenierung, Anspruch und Realität, Wiesbaden, S. 184-202

Pirnay, Fabrice; Surlemont, Bernard; Nlemvo, Frédéric (2003): Toward a Typology of University Spin-offs, in: Small Business Economics, Jg. 21, Nr. 10, S. 355-369

Porter, Michael E. (2000): Wettbewerbsvorteile – Spitzenleistungen erreichen und behaupten, 6. Auflage, Frankfurt am Main

Reckenfelderbäumer, Martin (2006): Kernelemente der marktorientierten Unternehmensführung. Marketingmanagement als marktorientiertes Konzept der Unternehmensführung, Lerneinheit 1, Begleitheft zum Reader, Lahr

Reckenfelderbäumer, Martin (2007): Management der Gründung und Entwicklung von Unternehmungen. Die Rolle des Unternehmertums für die Unternehmensgründung und -entwicklung, Lerneinheit 1, Begleitheft zum Reader, Lahr

Riegel, Sylke (2002): Existenzgründungen aus Hochschulen. Begriffsbe-stimmung und Diskussion theoretischer Ansätze, in: Betriebswirtschaftliche Forschung und Praxis (BFuP), Jg. 54, Nr. 4, S. 325-338

Riesenhuber, Felix; Walter, Achim; Auer, Michael (2006): Akademische Spin-Offs: Eine empirische Untersuchung zum Umgang mit technischer Unsicherheit und der Steigerung des Wachstums, in: Zeitschrift für Be-triebswirtschaft (ZfB), Jg. 76, Special Issue 4, Entrepreneurship, S. 117-139

Riesenhuber, Felix; Auer, Michael; Walter, Achim; Friedemann, Wolf (2007): Technologische Ressourcen und das Wachstum akademischer Spin-Offs, in: Pechlaner, Harald; Hinterhuber, Hans H.; von Holzschuher, Wolf; Hammann, Eva-Maria (Hrsg.): Unternehmertum und Ausgründung. Wissen-schaftliche Konzepte und praktische Erfahrungen, Wiesbaden, S. 141-164

Riesenhuber, Felix (2008): Technologiebasierte Chancen und Wachstum akademischer Spin-offs. Eine Untersuchung des Einflusses von unternehme-rischer Orientierung, Netzwerkfähigkeit und Vernetzung der Gründerteams, Wiesbaden

Ripsas, Sven (1997): Entrepreneurship als ökonomischer Prozess. Perspek-tiven zur Förderung des unternehmerischen Handelns, Wiesbaden

Roberts, Edward B. (1991): Entrepreneurs in High Technology. Lessons from MIT and Beyond, New York

Roberts, Edward B.; Malone, Denis E. (1996): Policies and structures for spinning off new companies from research and development organizations, in: R&D Management, Jg. 26, Nr. 1, S. 17-48

Russo, Peter; Gleich, Ronald; Strascheg, Falk (Hrsg.) (2008): Von der Idee zum Markt. Wie Sie unternehmerische Chancen erkennen und erfolgreich umsetzen, München

Saemundsson, Rögnvaldur; Dahlstrand, Asa L. (2005): How Business Opportunities Constrain Young Technology-Based Firms from Growing into Medium-Sized Firms, in Small Business Economics, Jg. 24, Nr. 2, S. 113-129

Samsom, Karel J.; Gurdon, Michael A. (1993): University scientists as entrepreneurs: a special case of technology transfer and high-tech venturing, in: Technovation, Jg. 13, Nr. 2, S. 63-71

Scheer, August-Wilhelm (2006): Der Forscher als Unternehmer – Der Unternehmer als Forscher, in: Oppelland, Hans J. (Hrsg.): Deutschland und seine Zukunft. Innovation und Veränderung in Bildung, Forschung und Wirtschaft, Lohmar, S. 59-73

Schmude, Jürgen; Welter, Friederike; Heumann, Stefan (2008): Entrepreneurship Research in Germany, in: Entrepreneurship Theory and Practice (ET&P), Jg. 32, Nr. 2, S. 289-311

Schneider, Dieter (1997): Betriebswirtschaftslehre, Band 3: Theorie der Unternehmung, Oldenbourg

Schoppe, Siegfried G. (1995): Moderne Theorie der Unternehmung, München

Schroeder, Klaus; Fuhrmann, Frank U.; Heering, Walter (1991): Wissens- und Technologietransfer. Bedeutung und Perspektive einer regionalen technologiepolitischen Strategie am Beispiel Berlins, Berlin

Schumann, Katja (2005): Kooperationen zwischen technologieorientierten Gründungsunternehmungen und Forschungseinrichtungen. Erfolgskonzept, empirische Untersuchung und Gestaltungshinweise, München

Schumpeter, Joseph (1931): Theorie der wirtschaftlichen Entwicklung – Eine Untersuchung über Unternehmergewinn, Kapital, Kredit, Zins und den Konjunkturzyklus, 3. Auflage, Leipzig

Schwarz, Erich J.; Harms, Rainer; Breitenecker, Robert J. (2006): Dynamik und Stabilität von Erfolgsfaktoren bei der Analyse junger Unternehmen, in: Zeitschrift für Betriebswirtschaft (ZfB), Jg. 76, Special Issue 4, Entrepreneurship, S. 165-183

Shane, Scott (2001): Technological Opportunities and New Firm Creation, in: Management Science, Jg. 47, Nr. 2, S. 205-220

Shane, Scott; Stuart, Toby (2002): Organizational Endowments and the Performance of University Start-Ups, in: Management Science, Jg. 48, Nr. 1, S. 154-170

Shane, Scott; Locke, Edwin A.; Collins, Christopher J. (2003): Entrepreneurial motivation, in: Human Resource Management Review, Jg. 13, Nr. 2, S. 257-279

Shane, Scott (2004): Academic Entrepreneurship. University Spinoffs and Wealth Creation, Northampton, Massachusetts

Shane, Scott (2008): The Illusions of Entrepreneurship. The Costly Myths that Entrepreneurs, Investors, and Policy Makers Live By, New Haven

Spielkamp, Alfred (2005): Spinoff-Gründungen aus der öffentlichen Forschung in Deutschland, in: Teichert, Jörg; Krieger, Fritz; Hanny, Sebastian (Hrsg.): Gründungsförderung an Hochschulen. Beispiele, Bedingungen, Beteiligte, Münster, S. 9-14

Sporer, Norbert (2008): telefonisches Interview im Rahmen der Studie am 16.12.2008

Steffensen, Morten; Rogers, Everett M., Soeakman, Kristen (1999): Spin-Offs from Research Centers at a Research University, in: Journal of Business Venturing, Jg. 15, Nr. 1, S. 93-111

Sternberg, Rolf; Brixy, Udo; Hundt, Christian (2007): Global Entrepreneurship Monitor – Unternehmensgründungen im weltweiten Vergleich, Länderbericht Deutschland 2006, Hannover

Strathmann, Frank W. (2008): persönliches Interview im Rahmen der Studie am 05.12.2008

Szyperski, Norbert; Nathusius, Klaus (1977): Probleme der Unternehmensgründung – Eine betriebswirtschaftliche Analyse unternehmerischer Startbedingungen, Stuttgart

Szyperski, Nobert; Klandt, Heinz (1981): Wissenschaftlich-technische Mitarbeiter von Forschungs- und Entwicklungseinrichtungen als potentielle Spin-off-Gründer. Eine empirische Studie zu den Entstehungsfaktoren von innovativen Unternehmensgründungen im Lande Nordrhein-Westfalen, Opladen

Szyperski, Norbert (1990): Innovative Gründer forcieren Technologietransfer, in: Szyperski, Norbert; Roth, Paul (Hrsg.): Entrepreneurship. Innovative Unternehmensgründung als Aufgabe, Stuttgart, S. 3-9

Szyperski, Norbert; Nathusius, Klaus (1999): Probleme der Unternehmensgründung. Eine betriebswirtschaftliche Analyse unternehmerischer Startbedingungen, 2. Auflage, Lohmar

Tjaden, Gregor (2003): Erfolgsfaktoren Virtueller Unternehmen. Eine theoretische und empirische Untersuchung, Wiesbaden

Tönnessmann, Jens (2008): „Businesspläne sind nur eine Pflichtübung", in WirtschaftsWoche, Jg. 82, Nr. 32, S. 78-80

Van de Velde, Els; Clarysse, Bart; Wright, Mike (2008): The Technology Endowments of Spin-Off Companies, Working Paper, Gent; http://econpapers.repec.org/paper/rugrugwps/08_2F513.htm (aufgerufen am 14.09.2008)

Van Wyk, Rias J. (1988): Management of technology: new frameworks, in: Technovation, Jg. 7, S. 341-351

Verband Forschender Arzneimittelhersteller (VFA) (2008): www.vfa.de/de/wirtschaft/statcharts/innovationsfaktor (aufgerufen am 21.11.2008)

Wallmark, Torkel J. (1997): Inventions and patents at universities: The case of Chalmers University of Technology, in: Technovation, Jg. 17, Nr. 3, S. 127-139

Walter, Achim; Rasmus, Anke; Männel, Christina (2008): Akademische Spin-offs, Beziehungspromotoren und der Aufbau kooperativer Beziehungen. Ein Fallbeispiel, in: Freiling, Jörg; Kollmann, Tobias (Hrsg.): Entrepreneurial Marketing. Besonderheiten, Aufgaben und Lösungsansätze für Gründungsunternehmen, Wiesbaden, S. 167-184

Wilem Jr., Frank J. (1991): The Breeder. Forming Spin-off Corporations through University-Industry Partnerships, in: Brett, Alistair M.; Gibson, David V.; Smilor, Raymond W. (1991): University Spin-off Companies. Economic Development, Faculty Entrepreneurs, and Technology Transfer, Savage, Maryland, S. 183-194

Wippler, Armgard (1998): Innovative Unternehmensgründungen in Deutschland und den USA, Wiesbaden

Wolfrum, Bernd (1995): Alternative Technologiestrategien, in: Zahn, Erich (Hrsg.): Handbuch Technologiemanagement, Stuttgart, S. 243-265

Wright, Mike; Clarysse Bart; Mustar, Philippe; Lockett, Andy (2007): Academic Entrepreneurship in Europe, Cheltenham, UK

Zahn, Erich (1995): Gegenstand und Zweck des Technologiemanagements, in: Zahn, Erich (Hrsg.): Handbuch Technologiemanagement, Stuttgart, S. 3-32

Zahn, Erich; Weidler, Andreas (1995): Integriertes Innovationsmanagement, in: Zahn, Erich (Hrsg.): Handbuch Technologiemanagement, Stuttgart, S. 351-376.

Zucker, Lynne G.; Darby, Michael R.; Armstrong, Jeff S. (2002): Commercializing Knowledge: University Science, Knowledge Capture, and Firm Performance in Biotechnology, in: Management Science, Jg. 48, Nr. 1, S. 138-153

## Autorenprofil

Monika Nörr hat vor ihrem Studium zum Master Management (M.A.) an der Wissenschaftlichen Hochschule Lahr (WHL) bereits Biotechnologie an der Fachhochschule Weihenstephan und Wirtschaftsingenieurwesen an den AKAD Hochschulen studiert. Sie war viele Jahre im Produktmanagement und als Fachredakteurin tätig. Heute berät sie innovative Unternehmer und Unternehmensgründer. Ihre Spezialgebiete umfassen die Innovationsfinanzierung und Fördermittelberatung, die Beratung zu Schutzrechten sowie die Vermittlung von Forschungskooperationen. Sie ist in zahlreichen Netzwerken und Arbeitskreisen vorwiegend im Münchner Raum aktiv.